Cerámica

t
a

Dirección editorial
Raúl Gómez

Director de colección
Manuel Gasch

Editor
José María Fernández

Diseño
Luis Jover

© Dastin, S.L.
Polígono Europolis
c/ M n° 9   28232 Las Rozas
Madrid - España
www.dastin.es
info@dastin.es

ISBN 978-84-96410-57-2

Impreso por Imprelibros S.A.
IMPRESO EN COLOMBIA - PRINTED IN COLOMBIA

ÍNDICE

La arcilla, base del arte cerámico

TIPOS DE ARCILLA

La arcilla está compuesta por una serie de silicatos de aluminio hidratados que, al humedecerse, adquieren plasticidad. Una vez seca, la arcilla conserva la forma adquirida y, aplicándole calor, aumenta su dureza, obteniendo propiedades parecidas a las de las piedras. La elaboración de productos cuya materia prima es la arcilla abarca una gama muy amplia: desde tejas o ladrillos hasta piezas de loza, porcelana y materiales refractarios. Todos ellos han de ser cocidos a una temperatura idónea, pues por debajo de su punto de vitrificación resultan porosos y sobrepasando el punto máximo se corre el riesgo de que las piezas sufran deformaciones. Su impermeabilización se conseguirá fácilmente mediante una capa de barniz o esmalte que, fundido por el calor, cubrirá la pieza con una especie de protección cristalina.

Con vistas a un conocimiento, aunque sea elemental, de los materiales cerámicos, dividiremos éstos en: plásticos, antiplásticos y fundentes. Los materiales plásticos abarcan toda una gama de arcillas y caolines. Los antiplásticos, también llamados desgrasantes, incluyen los cuarzos y arenas, así como las chamotas de arcilla ya cocidas y molidas. Finalmente, en los fundentes se integran los feldespatos y vidrios.

Las arcillas y caolines se encuentran en la Naturaleza en yacimientos o en depósitos de sedimentación. En los yacimientos, el estado de pureza es mayor por hallarse la roca madre en proceso de descomposición; a menudo, la arcilla se encuentra mezclada con restos de rocas aún sin descomponer, que es lo que se llama caolín (arcillas blancas, poco plásticas y de grano grueso).

Arcillas de ladrillos:
Contienen muchas impurezas. Cocidas, presentan tonos amarillentos o rojizos, según la cantidad de óxido de hierro que intervenga en su composición. Se emplean en cerámica utilitaria (vasijas, botijos, etc.). Temperatura de cocción: 850-1.000 grados.

Arcillas de alfarero:
Llamadas también barro rojo y utilizadas en alfarería y para modelar. Cocidas, presentarán un color claro, rojizo o marrón. Temperatura de cocción: 900-1.050 grados. Por encima de esos grados se deforman. Poseen una alta plasticidad.

Arcillas de gres:
En su composición interviene la suficiente cantidad de feldespato para que éste actúe como fundente y las haga vitrificar hacia los 1.300 grados. Cocidas, poseen gran plasticidad y mínima absorción, presentando tonos grises o cremas.

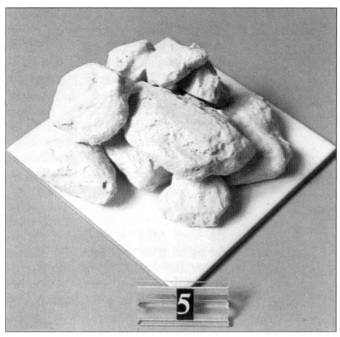

Arcillas «ball clay»:

Llamadas también arcillas de bola. Debido a la gran cantidad de materia orgánica que poseen, en crudo presentan un color gris o negro, que se convierte en claro al cocerlas. Forman el grupo de las arcillas grasas y, dada su gran capacidad de contracción, no se utilizan solas, sino integrando las pastas de loza y porcelana, a las que aportan plasticidad, resistencia y opacidad.

Caolín:

Es la arcilla más pura y, lavada, produce pastas de gran blancura. Poco plástica y muy refractaria, no se utiliza nunca sola, sino mezclada con otras arcillas (las «ball clay», por ejemplo). Por su blancura es la base en la fabricación de porcelana, siendo su temperatura de cocción entre 1.250-1.450 grados, según se trate de porcelana blanda o dura respectivamente.

Arcillas refractarias:

Muy resistentes a la temperatura, funden por encima de los 1.500 grados, por lo que se utilizan para la fabricación de ladrillos para hornos refractarios y para modelar murales. La cantidad y variedad de impurezas de estas arcillas, a las que en el caso de aplicarlas a murales se les añade chamota (la misma arcilla molida y cocida), producen diferentes e interesantes texturas.

Bentonita:

Arcilla derivada de cenizas volcánicas, es muy plástica, a causa de que sus moléculas son pequeñísimas. De las dos variedades que existen, una absorbe agua hasta un volumen entre cuatro y quince veces superior al suyo. Mezclada en las pastas de loza o porcelana, su proporción no debe ser mayor al 3 por 100, pues la cantidad de hierro que posee provocaría grietas en las piezas.

PLASTICIDAD Y CONSISTENCIA

A fin de que la arcilla adquiera propiedades que en su estado natural no posee, se le añaden otros materiales, que serán distintos según el tipo de arcilla a que se sumen.

Para poder ser trabajadas, las arcillas deben presentar cierta plasticidad, cualidad que, la mayoría de las veces, se consigue simplemente añadiéndoles un poco de agua, en muy escasa cantidad, para que no pierdan la adherencia. Pero en otras ocasiones no es suficiente el agua y hay que añadir también determinadas sustancias. La arcilla, incluso si se encuentra seca, contiene agua de constitución, formando parte de sus moléculas junto con la sílice y la alúmina. Cuanto mayor sea la cantidad de agua que contengan las moléculas, que son planas, mejor se deslizarán unas sobre otras y la arcilla será más maleable, más plástica.

Al agua que añadimos la llamamos «de absorción», y se perderá al cocer las arcillas por encima de los 125 grados centígrados. Cocida la arcilla a esta temperatura, si se le añade agua de nuevo, la absorbe y recobra la plasticidad. Aumentando la temperatura, a los 350 grados pierde la plasticidad, que ya no podrá recuperar. En este momento de la cocción, su composición química es: Sílice (SiO_2) 46 por 100, alúmina (Al_2O_3) 39,5 por 100, agua (H_2O) 14 por 100. Entre los 500 a 900 grados, la arcilla va perdiendo el agua de constitución paulatinamente, a medida que la temperatura asciende, hasta su totalidad. A los 900 grados, la molécula de arcilla se descompone, se vuelve frágil y puede ser atacada por ácidos y bases, es porosa y recibe el nombre de bizcocho. Aumentando el número de grados, se produce una contracción cada vez mayor, y al mismo tiempo la arcilla adquiere dureza y resistencia a la rotura. Y, si proseguimos la cocción, llegamos al punto de vitrificación y el barro no posee absorción alguna y ya no podrá ser atacado por ácidos ni bases.

La arcilla en su estado natural se presenta seca y en trozos, conteniendo solamente una escasa proporción de agua que interviene en la composición de su fórmula química. No tiene, obviamente, plasticidad y, por tanto, no puede ser utilizada con fines cerámicos.

Para conseguir la plasticidad necesaria en el modelado y en alfarería, habrá que añadir cierta cantidad de agua. Cuando la arcilla la absorba, podremos formar la masa con las características requeridas en cerámica.

Cuando la pasta ha adquirido suficiente plasticidad, sin perder su adherencia, para permitir que no se agriete y adopte las formas que deseamos, podemos considerar que el barro está listo para que comencemos a trabajarlo.

Si, por un descuido, añadimos a la arcilla una cantidad de agua excesiva, se formará una papilla inmoldeable, por lo que no servirá en absoluto para realizar ningún tipo de pieza. Será necesario entonces extraerle el exceso de agua.

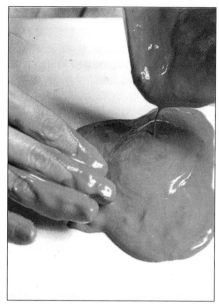

Depositando la papilla de barro sobre una plancha de escayola y extendiéndola un poco, podremos conseguir que la arcilla pierda el exceso de agua (que será absorbida por la escayola) y vuelva a adquirir las cualidades que deseamos.

Una vez que la escayola haya absorbido el exceso de agua que el barro contenía, conoceremos que la arcilla está lista para ser trabajada y podemos moldearla fácilmente, sin que se formen grietas y sin que se pierda la forma que le demos.

Tres estadios en la cocción

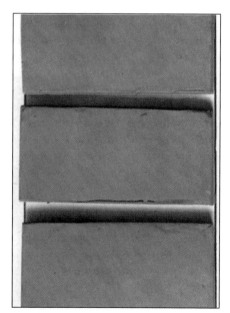

Cuando la pieza, durante su cocción, alcanza los 900 grados centígrados, se vuelve porosa y frágil, porque las moléculas de arcilla se descomponen.
Es lo que se llama «bizcocho».

Para cada tipo de arcilla existe una determinada temperatura de vitrificación, superada la cual la pieza alcanza su punto de fusión, se deforma y queda ya prácticamente inservible.

Aquí podemos ver los tres estadios en la cocción de la arcilla. En primer término aparece la pieza sometida a 900 grados; por encima de esta temperatura la pieza sufre una contracción.

FORMA DE CONOCER LA PLASTICIDAD

Tomando un poco de masa y apretándola y doblándola sabremos si se adapta a la forma perfectamente o si, por el contrario, aparecen grietas. Es el método más fácil y más usado por los alfareros. Según el tipo de arcilla y su preparación, se pueden presentar, en la práctica, diferentes comportamientos de la porción extraída. Tengamos en cuenta, sin embargo, que, a pesar de parecernos por esta prueba que determinada arcilla no es útil, podemos reconvertir su vitalidad al mezclarla con otra arcilla de calidades antagónicas, ya sea por exceso o por defecto de plasticidad.

*Mezcla de impurezas, sílice, materia orgánica
y muy bajo contenido de arcilla,
la pasta no posee plasticidad.
No puede ser usada en cerámica.*

*La arcilla se dobla perfectamente, sin grietas, pero tiende
a caer. Se trata de una arcilla grasa, de plasticidad
excesiva. Para usarla, habrá que mezclarla con otras
arcillas antiplásticas.*

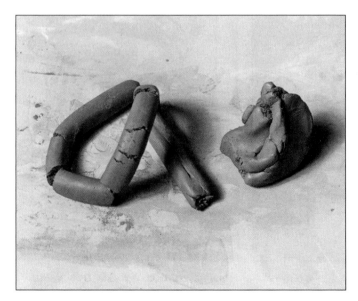

*Las grietas que se forman en esta arcilla son muy
pronunciadas, lo que demuestra exceso de antiplásticos.
Podremos emplearla solamente si la mezclamos con
otra arcilla más plástica.*

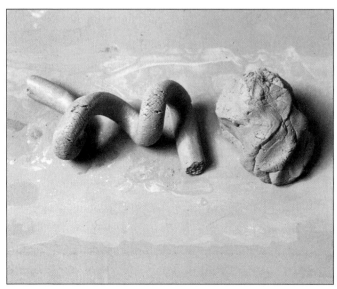

*En esta arcilla se observan pequeñas grietas.
Es buena para cerámica tal como está, aunque se puede
mejorar su plasticidad por cualquiera de los medios ya
comentados.*

ELEMENTOS ANTIPLÁSTICOS Y FUNDENTES

La mayoría de las veces, las arcillas se usan combinadas con otros elementos, para formar pastas. Entre los antiplásticos y fundentes más utilizados en cerámica podemos citar el cuarzo, los feldespatos, el talco y la cal.

El *cuarzo*, dióxido de silicio, es una variedad de la sílice que se encuentra en grandes cristales o en forma de arena, en su estado natural. El cuarzo es materia básica en la fabricación de pastas y en la mayoría de los esmaltes. Proporciona a las pastas menos contracción durante el secado, con lo que se amortigua el peligro de grietas, se aumenta la facilidad de secado y, una vez cocido, proporciona también a las piezas resistencia y dureza, actuando como un esqueleto de ellas y evitando así su deformación. Su punto de fusión oscila entre los 1.600-1.725 grados centígrados.

Los *feldespatos* son silicatos alcalino-alumínicos. Según contengan, de forma predominante, potasio, sodio o calcio, se les denomina potásicos, sódicos o cálcicos. Comienzan a fundir hacia los 1.125 grados centígrados, dando lugar a un vidrio que sirve como ligazón de las partículas de los demás productos que intervengan en la composición de las pastas.

El *talco* es un silicato de magnesio natural, que se emplea en bajos porcentajes en la elaboración de gran cantidad de pastas cerámicas. Debido al poder fundente del magnesio, puede ser sustituto del feldespato para conseguir la vitrificación a baja temperatura. El inconveniente del talco es que disminuye en gran medida la plasticidad; no obstante, aumenta la resistencia térmica de las piezas, evita grietas y favorece la adaptación de los esmaltes.

La *cal* que más se emplea en cerámica es la llamada «creta» (carbonato cálcico). Su acción fundente es muy enérgica y, en proporciones muy altas, eleva la contracción y aumenta la blancura de las pastas.

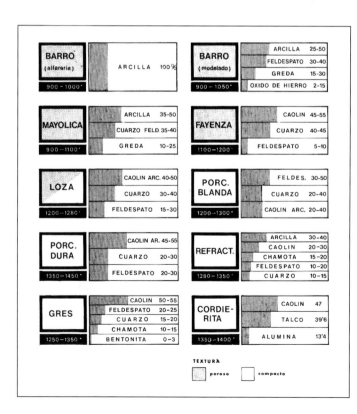

Según su composición, las pastas cerámicas se clasifican en varios tipos. El buen ceramista deberá elegir aquel tipo de pasta que mejor convenga a la pieza proyectada, por sus características de plasticidad, resistencia, dureza, temperatura de vitrificación, etc. En el cuadro adjunto exponemos una clasificación de las pastas más utilizadas en cerámica, junto con su composición cualitativa y cuantitativa, y su consistencia porosa o compacta. Las cifras que aparecen están expresadas en tantos por ciento.

1

Cuarzo

Es una variedad de la sílice y materia básica en la fabricación de pastas y en la mayoría de los esmaltes.

2

Feldespato

A elevadas temperaturas da origen a un vidrio que sirve como ligazón de las demás partículas que intervienen en la composición de las pastas.

3

Pegmatita

Se trata de un feldespato impuro en cuya composición interviene un 25 por 100 de cuarzo.

4

Nefelina

De composición parecida al feldespato, se utiliza como fundente en la fabricación de pastas blancas.

5

Talco

Es un silicato de magnesio natural que en reducidos porcentajes también se emplea en la elaboración de pastas.

6

Cal

El tipo de cal más empleado en cerámica, la «creta», se caracteriza por su gran acción fundente.

LAS PASTAS CERÁMICAS

Conocidas ya las características de las materias primas, uniendo éstas obtenemos las pastas. Según el grado de pureza de sus ingredientes, las pastas elaboradas con ellos ofrecerán también un determinado grado de idoneidad para ser trabajadas. La mezcla puede presentar, de acuerdo con nuestras preferencias, los siguientes tipos:

Fluido: Se realiza introduciendo los materiales y agua en unas cubetas, en cuyo interior se mueven unas palas desleidoras, o depositándolos en recipientes cerrados de giro horizontal, en cuyo interior unas bolas de sílex golpean contra los materiales, moliéndolos y aglutinándolos. Conviene dejar almacenadas las pastas durante el mayor tiempo posible, con el fin de conseguir que las materias orgánicas que llevan incorporadas se pudran, con lo que se mejora notablemente su calidad.

Húmedo: Se realiza la mezcla a mano o por medio de máquinas amasadoras, llamadas también galleteras, humedeciendo los materiales y amasando hasta conseguir una homogeneización total. Es un método muy adecuado para preparar pastas para torno, modelado o prensado.

Seco: Se consigue en galleteras o bien paleando los materiales, pero sin humedecer. Es necesario mezclar los ingredientes muy bien.

Cuando las pastas ya han sido elaboradas se les añaden floculantes, para aumentar su viscosidad, en cantidades muy pequeñas: entre el 2 y el 5 por 1.000. Los floculantes de uso más extendido son: silicato y carbonato sódicos, glicerina y dispex.

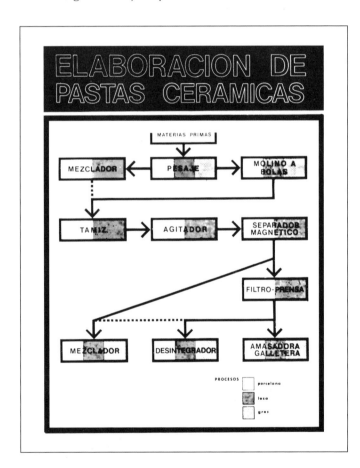

ELABORACIÓN DE LAS PASTAS:
Según sean las pastas de porcelana, loza o gres, el proceso de elaboración presenta diferencias en el caso de que vayan a usarse como colaje o prensa. Para colaje, la pasta pasaría del separador al mezclador, a fin de mantenerse allí en suspensión; y si la pasta es destinada a prensa se le extrae el agua en el filtro y pasa a la galletera.

COMPOSICIÓN DE LA PORCELANA:
Hemos clasificado las materias que intervienen en la elaboración de una pasta de porcelana tipo en cuatro apartados: componentes básicos, texturadores, floculantes y aditivos, y hemos indicado también el porcentaje de la mezcla (en el caso de los floculantes y aditivos expresamos el tanto por mil).

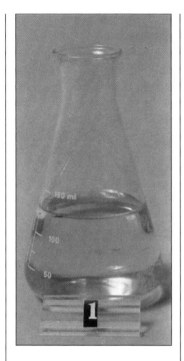

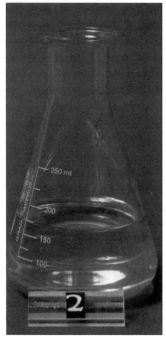

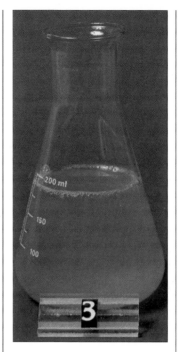

1

Silicato sódico
Se emplea en estado líquido y en proporciones de 1 a un 3 por 1.000. Junto con el carbonato sódico, son los floculantes de uso más extendido.

2

Glicerina
Se emplea en proporciones elevadas, de hasta un 20 por 100. Aumenta tanto la plasticidad que incluso puede trabajarse la pasta sin añadirle agua.

3

Dispex
Es un floculante orgánico que se mezcla a las pastas en proporciones entre el 1 y el 4 por 1.000. Su uso en cerámica se va extendiendo cada día más.

4

Carbonato sódico
Es el floculante más tradicional. Debe añadirse a la pasta en una proporción entre el 2 y el 4 por 1.000. Favorece el despegue de las piezas del molde.

Maquinaria específica

Para preparación de pequeñas cantidades de pastas se utilizan los molinos a bolas y soporte. La máquina consta de un eje central, accionado por motor, y dos ejes libres.

A fin de desleír las pastas y batirlas se utiliza una máquina desleidora, compuesta de un eje accionado por motor y unas paletas.

Otra máquina de uso común en la elaboración de las pastas es el agitador. Consiste en una cubeta con aspas accionadas por motor y controladas en su velocidad.

El vibrotamiz es un tamiz mecánico que actúa por vibración, para acelerar el paso de las pastas líquidas. Así se evitan pequeñas partículas sin moler.

LOS ÚTILES DEL CERAMISTA

A pesar de que su precio no suele ser elevado en los comercios especializados, todo buen ceramista debe conocer el proceso de preparación de los útiles de que se sirve en su trabajo. Palillos de modelar, caña de alfarero, vaciadores, aplanadores, etc., pueden ser fácilmente realizados sólo con la ayuda de un taladro eléctrico común, lija y unos alicates.

Fijaremos a un tornillo el taladro, con el fin de que no se mueva en absoluto, y en su cabeza colocaremos la pieza lijadora —piedra de esmeril— o el disco de corte, según convenga. En los ejercicios siguientes podremos observar y aprender cómo se logran varias de estas piezas, de hierro o de madera, partiendo de simples trozos de metal y ramas de árbol. Una ventaja considerable ofrece al profesional de la cerámica la preparación de sus propios útiles: el poder acomodarlos con mayor exactitud a su forma de trabajar y al tipo de trabajo que pretende llevar a cabo.

Materiales: taladradora eléctrica, tornillo de banco, piedra de esmeril, lijas, piezas metálicas y madera de distintos tipos.

1

Efectuamos primeramente bisel en el extremo de la pieza, presionandola fuertemente contra la lijadora.

2

Seguidamente, con la pieza ligeramente inclinada, procederemos a afilar el bisel por ambas caras.

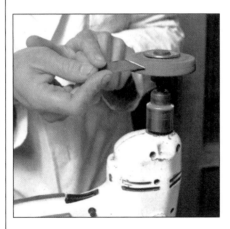

3

Ahora vamos a realizar otro tipo de útil, con barritas cilíndricas de hierro, sirviéndonos también de la limadora.

4

Sobre una base metálica, golpeamos con el martillo, aplanando el extremo de la barrita de hierro.

5

Pasamos después a realizar los perfiles uniformando el contorno de la zona que hemos aplanado anteriormente.

6

Acoplamos ahora al taladro el disco de corte. Vamos a realizar unos palillos de modelar, de formas diversas.

7

Vamos pasando el trozo de madera por el borde del disco, buscando la forma adecuada de la pieza.

8

Afinamos la pieza por sus extremos, efectuando también las curvaturas que corresponden a este tipo de palillo.

9

Concluido el trabajo en el disco de cortar, con un trozo de lija repasamos y alisamos bien el palillo.

10

Trabajamos ahora con otro tipo de madera. Vamos progresivamente afinando la pieza en su conjunto.

11

Pasamos luego a dar al palillo una forma plana que presente una curvatura en su zona central.

12

A continuación, afilamos tanto como nos sea posible uno de los extremos del palillo, como si se tratara de un cuchillo.

13

Finalmente, con un trozo de lija, repasamos la totalidad de la superficie del palillo, uniformándola.

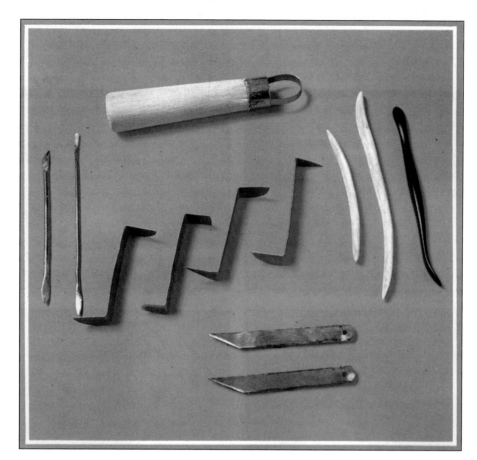

Empleando básicamente un taladro eléctrico, al que acoplamos una piedra de esmeril, o un disco de corte, hemos realizado prácticamente la totalidad de útiles que necesita un ceramista.

Los materiales convencionales

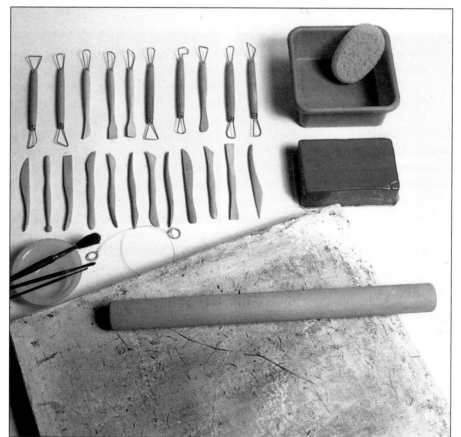

Si el aficionado a la cerámica prefiere no fabricarse sus propios útiles y al principio emplear aquellos que se comercializan en las tiendas especializadas, ha de tener en cuenta la siguiente lista de útiles: palillos de modelar, vaciadores, cubeta, esponja, pinceles, rodillo de madera, plancha de escayola e hilo de nailon.

Los primeros pasos con el barro

MODELADO CON MACARRONES

Una de las fórmulas más sencillas para llevar a cabo el modelado de pequeñas formas cilíndricas consiste en la utilización de «macarrones» o rollos de barro. A partir de una pella, o trozo de barro bien amasado, procederemos a realizar pequeñas tiras fácilmente manejables. Proponemos la construcción de un pequeño recipiente, al cual acabaremos colocando una tapadera y unas asas. El proceso es muy sencillo.

1 Tomamos pequeños trozos de la pella y hacemos presión con las palmas de la mano para obtener «macarrones».

2 Obtendremos un rollo más fino, con una mayor presión de las palmas de las manos.

3 Sobre una base circular, adherimos este último «macarrón», para levantar las paredes de un bote de barro.

4 Sirviéndonos de un macarrón muy fino, realizamos perfectamente la junta interior.

5 Iremos colocando sucesivamente «macarrones» hasta conseguir la altura deseada.

6 Presionando con los dedos y uniendo las juntas de los «macarrones», comenzamos a alisar las paredes.

7

También se alisan las paredes por la parte interior, con la misma presión de los dedos.

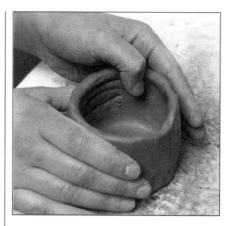

8

Con intención de fabricar un asa, aplastamos uno de los rollos y lo cortamos a la medida idónea.

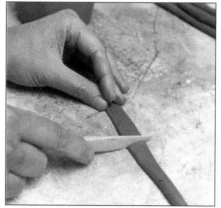

9

Perfilado ya enteramente el recipiente y el asa, lo fijamos con el máximo cuidado.

10

La unión del asa a la pared no reviste dificultad y acaba formando un solo cuerpo.

11

Observamos la pieza con las asas ya fijadas. Ahora pasaremos a realizar la tapadera.

12

Para ello, cortaremos una nueva pieza circular en la que fijaremos un fino macarrón.

13

Con los últimos elementos hemos construido la tapadera de este primer cacharro, dándole sujeción.

14

Si deseamos aplicar algún motivo decorativo, podremos emplear los palillos de modelar.

UNA CAJA CON PLACAS

Otra forma de modelar pequeñas piezas, además de los clásicos «macarrones», consiste en el empleo de placas o planchas obtenidas a partir de bastidor de madera o unas simples guías. En este caso el trabajo resulta más rápido y a la vez la superficie aparece más perfecta, pero también es preciso cuidar de modo muy especial la unión entre las distintas placas de que conste nuestra obra. En el ejercicio propuesto llevaremos a cabo una caja o estuche, que finalmente decoraremos de forma rápida.

1 *Sobre una superficie de madera clavamos dos listones paralelos, de 7 mm de alto, que determinan el espesor del objetivo a realizar.*

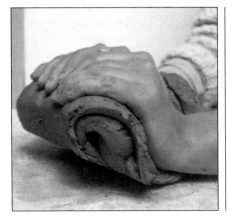

2 *Ésta es la pella que hay que amasar perfectamente con las manos para eliminar posibles burbujas de aire.*

3

Ahora, la masa de barro ha de extenderse suficientemente sobre la superficie elegida y dentro del espacio marcado.

4

El rodillo de madera ha de pasar varias veces, hasta alisarlo por completo.

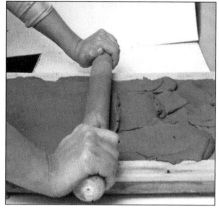

5

Sirviéndonos de una plantilla, cortaremos sobre el barro cuantas caras necesitemos (seis).

6

Las seis planchas ya cortadas, se sitúan de una forma racional, para hacer las incisiones que permitan encajarlas.

7

Aplicamos barbotina en las partes extremas de las planchas de barro. Sólo es barro diluido en agua, que actúa de adherente.

8

Mediante un macarrón pegamos las juntas entre las paredes y la base.

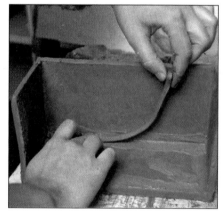

9

Construida ya —y cerrada— la caja, con un palillo de modelar u otro objeto cortante, la seccionamos, para obtener la tapa.

10

Por fin se trata ya de perfilar bien la superficie. Para ello repasamos el barro con una segueta.

DECORACIÓN DE UNA PLANCHA DE BARRO

La obtención de una plancha de barro es uno de los aspectos que debe conocer todo ceramista al iniciarse en esta técnica. Su esgrafiado con un punzón es una vertiente decorativa tan fácil como atractiva, y el resultado, siempre sorprendente.

Destacamos del proceso efectuado el uso de la barbotina. La barbotina es la cola del ceramista. Se fabrica con arcilla cortada en trozos que se sumergen en determinada cantidad de agua hasta alcanzar el grado de barro líquido. Así, la barbotina no es más que barro diluido en agua. Dependerá del color y tipo de arcilla el color de la barbotina.

1

En el interior de un bastidor de madera empezamos a colocar pequeñas pellas de barro para formar una plancha.

2

Con un listón apoyado sobre el bastidor repasaremos toda la superficie para eliminar las rugosidades de barro.

3

Añadimos nuevas pellas de barro hasta conseguir homogeneizar la superficie de la plancha.

4

Por la cara interior del bastidor pasaremos un cuchillo —o un palillo fino— a fin de extraer fácilmente el barro.

5

La plancha obtenida, barbotina, un punzón, un palillo de modelar y un pincel son necesarios para realizar el grabado.

6

Marquemos con un punzón sobre la plancha el dibujo realizado previamente y de forma libre sobre un papel.

7

Aplicaremos después barbotina obtenida con arcilla de color blanco, valiéndonos de un pincel.

8

Es conveniente comprobar que la barbotina ha cubierto la superficie de la plancha de arcilla en toda su extensión.

9

Cuando la barbotina esté ligeramente húmeda, comenzaremos a efectuar la incisión deseada con el punzón sobre el dibujo.

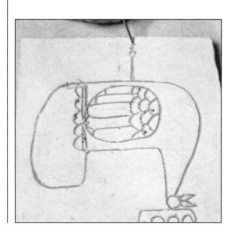

10

Tras perfeccionar los mínimos detalles del dibujo, procedemos a su cocción a una temperatura de 800 a 950 grados.

UN VASO CAMPANIFORME

El vaso campaniforme puede fecharse alrededor de unos dos mil años antes de Cristo. Parece que se extendió a lo largo y ancho de Europa. Desde Polonia y Hungría hasta Sicilia y España se han encontrado restos de ellos. Una extensión tan enormemente poblada parece apuntar hacia una auténtica cultura. Una cultura cuya principal herencia es el vaso de barro decorado a base de incisiones o surcos. A esta típica forma acampanada se añaden otros vasos en forma de ollas, siempre sin asas y con adornos rayados y punteados. Estos motivos fueron obtenidos unas veces con una redecilla o peine apropiado y otras con un simple punzón. La decoración se rellenaba en muchas ocasiones de pasta blanca.

El pueblo que fabricó este tipo de cerámica debió ser buen conocedor de la metalurgia, quizá fueran hábiles fundidores ambulantes. Su carácter trashumante marcaría sin duda la amplia difusión de esta cultura, cuyo origen pudiera hallarse en el sur de España. De hecho, el vaso campaniforme parece atribuirse a las prósperas culturas de Los Millares y El Argar, en la provincia de Almería, aunque otras teorías hablan de un origen mucho más oriental.

1

A partir de una pella de barro, con los dedos damos forma a una pequeña base semiesférica.

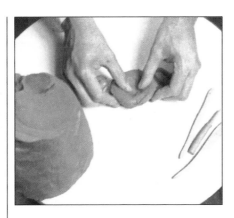

2

Después de obtener un macarrón grueso, lo aplastaremos para hacer una plancha que uniremos a la base.

3

Con una nueva plancha convertiremos el recipiente en una vasija con forma de campana.

4

Con un palillo de modelar efectuaremos incisiones paralelas o zigzagueantes hasta completar su decoración.

5

Prepararemos después una caja refractaria, en cuyo interior se colocarán las piezas que se deseen cocer.

6

Una vez situadas las piezas, las cubriremos con serrín hasta que éste llegue al borde.

7

Como podemos apreciar, introduciremos después la caja en el horno, donde realizaremos ya la cocción.

8

Tras la cocción, las piezas quedarán negras. Las decoraremos con barbotina blanca, que permanecerá en las incisiones.

El adiestramiento de las manos

UN OBJETO UTILITARIO

Este ejercicio reúne todas las condiciones para demostrar la facilidad con que nuestras manos pueden manipular el barro sin un especial aprendizaje previo. Siguiendo las indicaciones del proceso que se ha llevado a cabo, nos encontraremos al final con un tarro de barro de bella apariencia. No se trata de un elemento de cocina, como a primera vista pudiera parecer. El rótulo indicado no pretende sino mostrar que el barro puede ser decorado con el motivo que el artista crea más oportuno.

1

Comenzamos a partir de la pella de barro y ahora le damos una forma cilíndrica.

2

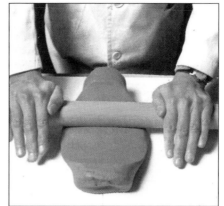

Con el rodillo la vamos aplastando y amasando para formar una plancha, igualando el grosor.

3

Realizada la plancha, decidimos las proporciones según el objeto a realizar.

4

Como se advierte, nos queda una plancha de barro limpia, completamente rectangular, igualada en toda su superficie.

5

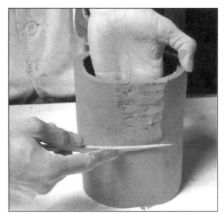

Ahora procedemos a dar la forma deseada al barro, uniendo los dos laterales, para lo que nos ayudamos de barbotina.

6

La unión la conseguimos presionando con los dedos hasta soldar bien el barro, que ha de formar un solo cuerpo.

7

Es importante, para un posterior acabado perfecto, comprobar que la unión ha sido homogénea y tiene el mismo grosor.

8

El acabado de la unión podemos hacerlo con la ayuda de un palillo de modelar y con el apoyo de la mano en el interior.

9

Con una nueva pella, más pequeña, o con los restos de la anterior, debemos hacer una plancha más, que servirá para la base.

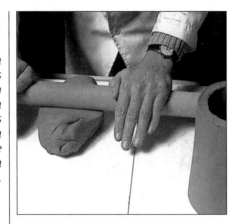

10

Sin más esfuerzo, la nueva plancha la colocamos debajo del cilindro que ya tenemos realizado: será la base.

11

Con un simple cuchillo, bordeando el exterior del tarro, procedemos a cortar la pieza como deseamos.

12

Como se ve en la fotografía, realizamos ahora unas incisiones en los puntos que uniremos a continuación.

13

Con el mismo palillo de modelar hacemos otras incisiones en la base inferior del tarro para que se unan luego.

14

Con un pincel damos barbotina a la parte estriada.

15

Debemos repetir la misma operación en la plancha recortada, que actuará de base: así conseguimos una unión perfecta.

16

Unimos ahora las dos piezas con sumo cuidado, procurando dar la presión suficiente con las manos, sin dejar huella.

17

Conviene repasar especialmente la unión de las dos piezas ya fundidas, retirando a la vez la barbotina sobrante.

18

Preparamos también un macarrón de barro de una longitud semejante al perímetro interior.

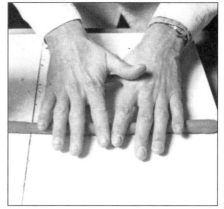

19

El macarrón nos sirve para unir las dos piezas también por el interior, presionándolo hasta que formen un solo cuerpo.

20

Necesitamos reunir aún los restos que nos quedaban de la pella de barro, porque necesitamos una tapadera adecuada.

21

De la forma habitual, hacemos una pieza más cuadrada. Obsérvese que ésta es mayor a la base que ya hemos colocado.

22

Superpuesta la plancha sobre la boca del tarro, doblamos las esquinas, lo que luego nos impedirá todo desplazamiento.

23

Solamente nos falta el asa. Necesitamos, por tanto, otro macarrón para hacerla, algo más corto que el anterior.

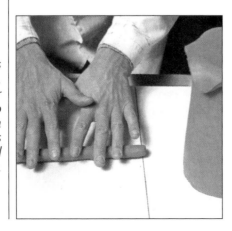

24

Aplastamos el macarrón obtenido para darle una forma diferente y más adecuada a lo que ha de ser el asa del tarro.

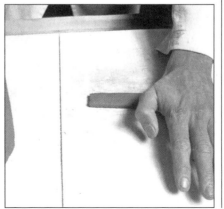

25

La tira obtenida es muy moldeable y debemos darle la forma definitiva que deseamos para acoplarla a la tapadera.

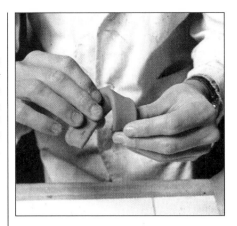

26

Con el palillo de modelar necesitamos hacer también incisiones en la tapa, donde luego situaremos el asa.

27

Del mismo modo, al objeto de que la unión sea más perfecta, hacemos otras incisiones en los extremos de la tira a usar.

28

En los dos puntos que ya tenemos rayados aplicamos ahora barbotina. La operación es exactamente igual a la realizada antes.

29

Presionando con los dedos y con cuidado para no deformar el tarro, debemos unir el asa con la tapadera.

30

Es el momento de dejar bien terminada la tapadera, retocando lo que sea preciso y limpiando la barbotina sobrante.

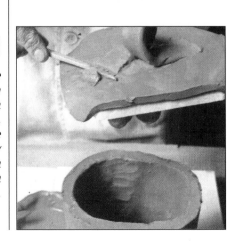

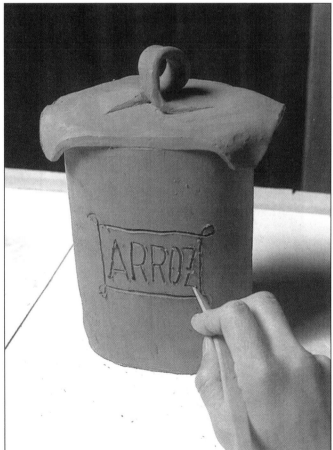

31

VASIJA DE PLANCHAS

A medida que se va dominando la técnica de la cerámica con la realización de diferentes formas y la confección de piezas de mayor tamaño, aumenta la complejidad de los procesos de creación. Es, por tanto, conveniente calcular bien el grosor y proporciones de las planchas que se van a utilizar, a fin de que la pieza ofrezca la dureza y consistencia necesarias para que pueda soportar el peso que corresponda a su tamaño. Resulta también algo más complicado conjugar el diseño con el volumen en el intento de conseguir formas armoniosas. La práctica nos irá proporcionando la destreza necesaria y la precisión en la elección del grosor, tamaño y forma.

1

Una vez preparada la plancha de barro, la cortamos en forma circular utilizando un trozo de madera.

2

Medimos la circunferencia y cortamos una plancha alargada de la longitud de la misma y del ancho que juzguemos oportuno.

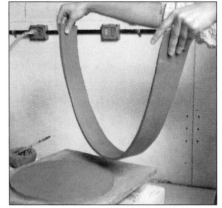

3

Después de realizar unas incisiones en ambas piezas, untamos los bordes con barbotina y efectuamos la unión.

4

Cortamos un trozo de la parte superior de la tira, para dejar el hueco donde conformaremos el cuello que culminará el jarrón.

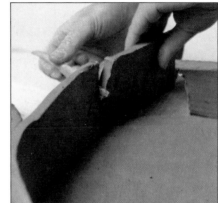

5

Con un macarrón de barro reforzamos la unión de las dos piezas (la plancha y la tira) por la parte interior.

6

Cortamos un pequeño círculo de barro con el que a continuación vamos a adornar la pared del jarrón.

7

Presionamos el círculo de barro sobre la plancha por la superficie exterior de ésta, con lo que ambas piezas quedarán unidas.

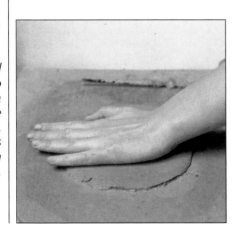

8

Efectuando distintas presiones con los dedos, a modo de pellizcos, iremos adornando la pieza.

9

Hacemos un nuevo macarrón y lo colocamos en la parte superior interna, pegándolo con barbonita. Sobre él descansará la otra plancha.

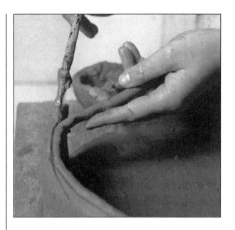

10

El barro aún fresco de la segunda plancha debemos colocarlo con sumo cuidado.

11

Una vez unidas las dos planchas, fijamos otra planchita de barro en la parte inferior, la cual después hará la función de soporte.

12

Dejamos secar la pieza de barro, para que adquiera consistencia. Luego, con una rasqueta, retocaremos las imperfecciones.

13

Cortamos una nueva tira de barro y unimos sus extremos untándolos con barbotina.

14

Comenzamos la unión de cuello y pieza, después de haber realizado las incisiones y haber aplicado barbonita.

15

Preparamos un macarrón y lo embutimos en la línea de unión, ayudándonos de un palillo.

16

Utilizamos nuevamente la rasqueta, a fin de eliminar las imperfecciones que hayan podido producirse.

DISEÑO DE UNA BOLA DE BARRO

Una de las tentaciones más frecuentes durante el aprendizaje de la técnica cerámica consiste en hacer bolas de barro. Los niños se familiarizan con el barro amasando pequeñas bolas macizas, con las que jugarán como si se tratara de auténticas pelotas de goma. Los adultos, por su parte, intentan acceder a ese estadio superior que consiste en realizar formas esféricas de arcilla, huecas y de tamaño considerable. El tratamiento seguido es delicado, porque no podemos olvidar que a partir de una plancha plana de barro vamos a obtener una esfera, o bola, de escasa consistencia. El trabajo en capas finas, como en este caso, además requiere un esfuerzo minucioso y exigente si queremos que el acabado no manifieste irregularidades en su superficie.

1

Amasamos una pella de barro y con la ayuda del rodillo formamos una plancha, procurando que resulte lo más lisa posible.

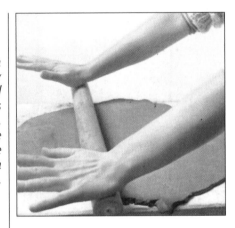

2

Tomamos un mortero o cualquier otro objeto semiesférico y disponemos también un trozo de tejido de paño.

3

A continuación recubrimos el interior del recipiente con el paño, para que no se adhiera el barro.

4

Plegamos y repartimos la masa, ejerciendo presión sobre ella en todos sus puntos, con el fin de que su acoplamiento sea homogéneo.

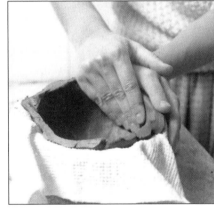

5

Recortamos con un palillo de modelar el sobrante de la masa de barro que sobresale del borde del recipiente.

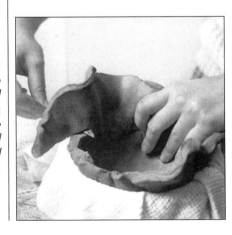

6

Invirtiendo el recipiente, extraemos la media esfera realizada. Repetimos luego la misma operación para conseguir la otra media esfera.

7

Sobre el borde de ambas piezas aplicamos abundantemente barbonita con un pincel.

8

Unimos a continuación ambas semiesferas cuidadosamente, ejerciendo una ligera presión para conseguir su unión.

9

Hacemos un fino macarrón y lo fijamos en la línea de unión de ambas piezas, presionando con las manos sobre la totalidad del contorno.

10

Repasamos luego con un palillo de modelar la zona de unión de las piezas sobre las que habíamos aplicado el macarrón.

11

Eliminamos después el sobrante del macarrón y las irregularidades que se hayan podido producir con la ayuda de una herramienta cortante.

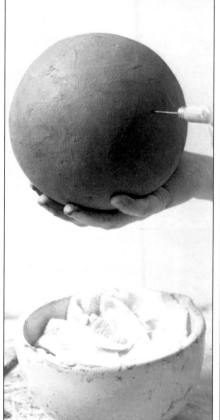

12

Utilizando un listón de madera y volteando con la mano la esfera, corregimos con detenimiento las deficiencias que la esfera pudiera presentar.

13

Una vez concluido el paso anterior, perforamos con un punzón la esfera, con el fin de facilitar la salida de aire en el momento de la cocción.

INICIACIÓN AL MODELADO

La arcilla ofrece unas cualidades físicas muy especiales, que permiten que sea fácilmente moldeable en formas de una variedad prácticamente sin límites. Además tiene la ventaja de impedir que la forma proporcionada a una pieza sufra alteraciones después del proceso de secado.

A través del tiempo han ido apareciendo técnicas diversas para el trabajo de la cerámica, ajustada cada una a la necesidad del objeto que se desea conseguir. No obstante, los principios básicos del modelado no han sufrido variación alguna. Hoy se continúa trabajando la cerámica artesanal de la misma manera que hace miles de años.

Antes de comenzar el modelado de una pieza, debemos cuidar que la arcilla se encuentre en su punto idóneo de humedad, ni excesivamente blanda ni tan seca que sea difícil manipularla. Luego habremos de amasarla cuanto sea necesario, hasta que sea perfectamente maleable y no encierre bolsas de aire.

Tengamos, finalmente, en consideración que es aconsejable el empleo en todo momento de los útiles para al modelado de la cerámica: el resultado presentará un acabado más perfecto.

1
Como modelo para llevar a cabo este ejercicio elegimos un objeto cualquiera. En este caso, un frasco de plástico.

2
Con el fin de homogeneizar la pasta, comenzamos amasando la arcilla, evitando partes de distinta dureza y huecos.

3
A continuación hacemos dos pellas y las colocamos en la posición más parecida posible a la forma que presenta el objeto elegido.

4

Unimos perfectamente las dos pellas. Una unión mal efectuada puede producir grietas al secarse el barro, con lo que la pieza se estropearía.

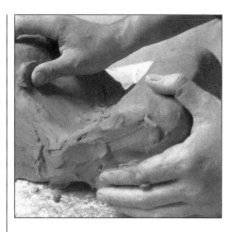

5

Para conseguir lo que será el volumen definitivo, vamos aplicando pequeñas pellas en aquellas partes donde lo creamos conveniente.

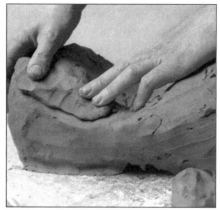

6

Seguidamente igualamos con un trozo de madera las juntas de las pequeñas pellas anteriormente aplicadas, eliminando cualquier irregularidad.

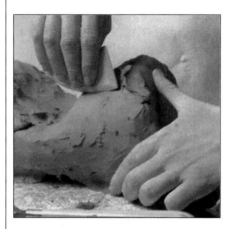

7

Completando el paso anterior, con un palillo de modelar igualamos completamente la superficie total de la pieza.

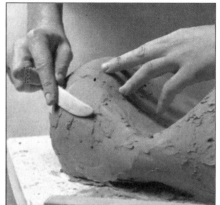

8

Con otra pella de barro modelamos aparte el tapón del frasco, evitando, como siempre, la formación de burbujas de aire en la masa.

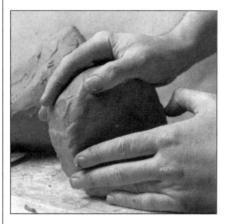

9

Comprobamos que el tapón tiene el tamaño deseado y lo pegamos al resto de la pieza, sirviéndonos de un poco de barbotina.

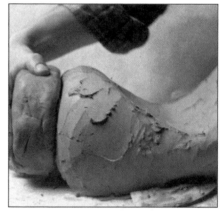

10

A fin de que se forme una única pieza homogénea con el palillo de modelar unimos el borde del tapón al resto.

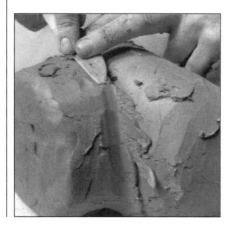

11

Para conseguir reproducir la forma del modelo, repasamos la junta del tapón y el frasco con el palillo.

12

Igualamos después la superficie del tapón, para eliminar cualquier imperfección.

13

Sirviéndonos de un vaciador, repasamos luego todo el contorno del tapón, eliminando el barro que deseemos.

14

Con el palillo de modelar trazamos unas hendiduras en las superficies que vamos a pegar (las dos partes del tapón).

15

Untamos bien con barbotina las superficies anteriormente preparadas, para poder conseguir así una unión más perfecta.

16

Pegamos la segunda parte del tapón apretando con fuerza, a fin de eliminar el aire y la barbotina excedente.

17

Con una pequeña pella de barro hacemos un soporte para evitar que el tapón se despegue debido a su propio peso.

18

Marcamos con el palillo de modelar las líneas, y modelamos después sobre ellas la forma definitiva del tapón.

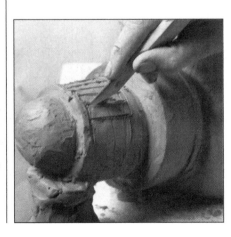

19

Amasamos un macarrón de barro grueso, con el que vamos a realizar el extremo del tapón que presenta el original.

20

Doblamos el macarrón en el ángulo requerido y repasamos su superficie con el palillo, a fin de darle uniformidad.

21

Realizamos unas hendiduras en las dos partes que vamos a pegar y las untamos con barbotina.

22

Pegamos esta última pieza y, a continuación, aplicamos un pequeño macarrón de barro en la junta.

23

Perfilamos y matizamos los volúmenes de esta zona hasta concluirla.

La cocción, clave del proceso cerámico

En el proceso de fabricación de la cerámica, la cocción tiene una importancia capital. La pieza que hemos confeccionado no estará definitivamente concluida ni podrá ser utilizada con garantía de suficiente resistencia, sino después de haber estado sometida a la acción de temperaturas muy elevadas que proporcionarán consistencia al barro y una cohesión total al conjunto de sus moléculas.

Antes de introducir la pieza en el horno, la misma debe hallarse perfectamente seca. Por ello, dejaremos transcurrir unos días (entre siete y diez) hasta que aparezca una capa blanquecina sobre su superficie. Durante ese período de tiempo es conveniente que la pieza se halle a la sombra y que circule por la estancia una corriente de aire. Si es posible, una vez que se forme la capa blanquecina, la expondremos al sol durante unas horas, pero no es necesario.

Seca ya la pieza, la introducimos en el horno. Una buena cocción dependerá de que se alcance la temperatura adecuada y de que el proceso dure el tiempo suficiente, ni más ni menos, teniendo en cuenta que el calor deberá ser aumentado paulatinamente hasta alcanzar los grados que se necesiten. Si calentamos la pieza de forma súbita, la pérdida repentina del agua que todavía contiene la puede romper o resquebrajar. Como es natural, el tiempo de cocción dependerá, al menos en parte, del grosor de las paredes de la pieza, aunque también influyen de forma decisiva el tipo de horno empleado y la decoración que hayamos elegido.

En el desarrollo del capítulo, abordaremos en primer lugar el estudio de varios aspectos técnicos muy interesantes, relacionados íntimamente con el proceso de cocción. Más adelante, mostramos los pasos a seguir por todos aquellos que se sientan interesados en la construcción de su propio horno.

Joan Manuel Llácer.

41

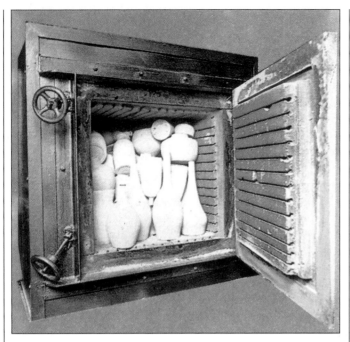
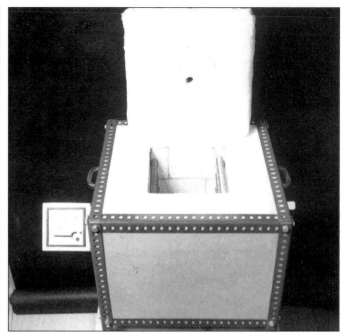

El horno, el paso definitivo

Cocer la pieza de cerámica en el horno es el último y definitivo paso en el trabajo creativo del ceramista; hasta tal punto tiene importancia el horno, que casi se puede decir que, sin haber pasado por él, el barro que hemos elaborado no guarda ningún valor, ni artístico ni práctico. Tras la cocción, la pieza de cerámica adquiere la consistencia necesaria para ser utilizada y, si la hemos decorado, los colores presentarán su auténtico esplendor. Con toda seguridad —y al igual que ha ocurrido con tantos otros descubrimientos—, el hombre comprobó de una manera accidental que el fuego proporciona al barro una dureza que antes no poseía y que lo hacía apto para servirse de él en multitud de aplicaciones en la vida diaria. Mucho más recientemente, y después de haberse servido de hornos al aire libre, y sin techo, aproximadamente hace dos mil años, aparecen los primeros hornos construidos con bóveda, con lo que el calor se retiene mejor y se alcanzan temperaturas mucho más elevadas.

Diferentes tipos

Según las características de la cocción, el combustible utilizado, la periodicidad de su uso, las exigencias de las piezas que vayamos a cocer, e incluso sus formas, existen distintos tipos de hornos. De los antiguos hornos de leña, carbón o viruta hemos pasado a modelos cuyo combustible es la electricidad, el gas o el carborumdum.

Existen hornos de llama directa e indirecta: en los primeros, la llama afecta directamente a las piezas, por lo que el desprendimiento de sustancias extrañas de los combustibles podría dañar los barnices; sin embargo, pueden ser utilizados perfectamente para macetas, ladrillos, etc. En el horno de llama indirecta, las piezas quedan protegidas en un departamento interior refractario. Atendiendo a su funcionamiento, los hornos pueden ser continuos o periódicos. Estos últimos se emplean en la pequeña industria: se introducen las piezas en él estando el recinto frío; luego se calienta y, finalmente, se deja enfriar con lentitud. Por el contrario, los hornos continuos se hallan siempre encendidos.

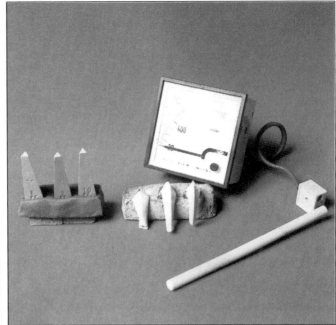

La combustión

La combustión es una reacción química productora de luz y calor, y motivada por la oxidación. Depende, por tanto, del suministro de oxígeno, ya proceda éste de la atmósfera o de cualquier compuesto químico. Como norma, a cada horno conviene un tipo determinado de combustible: carbones, petróleo y derivados, gas, leña o energía eléctrica. Según su estado natural, los combustibles son sólidos (carbones y maderas), líquidos (petróleo y derivados) o gaseosos. En la actualidad se utiliza preferentemente electricidad y gas. Estos combustibles permiten aprovechar todo el espacio interior del horno y no producen sustancias extrañas, aunque el uso del gasoil y fuel sigue siendo importantísimo, especialmente en cerámica industrial. La combustión debe ser lo más perfecta posible, adecuando las cantidades de oxígeno y combustible que ha de quemarse. Sólo así podrán adquirir las piezas la dureza necesaria y los esmaltes se comportarán de la manera que deseamos.

La temperatura

La extraordinaria importancia que encierra la cocción para el buen acabado de las piezas de cerámica, obliga a una vigilancia atenta y continua de las temperaturas que desarrolle el horno. La medición podrá efectuarse por medio de la vista —lo que vulgarmente se dice «a ojo»—, mediante pirómetros o por medio de conos pirométricos. La simple ojeada requiere una enorme práctica, dentro de la que es posible una oscilación de 20 a 30 grados, lo que para algunos esmaltes es muy peligroso. Este procedimiento se basa en el color que el interior del horno presenta.

Rojo	700 grados
Rojo claro	850 grados
Rojo intenso	950 grados
Rojo amarillo	1.100 grados
Rojo blanco	1.300 grados
Blanco intenso	1.400 grados

Como la cocción depende de la temperatura y del tiempo, dicha relación se mide con los conos pirométricos, mezcla de barnices formados por minerales, cuyo punto de fusión está previamente determinado. Finalmente, entre los pirómetros, se cuenta con el óptico, que proporciona la temperatura en una escala, tras un complicado proceso en el que interviene, incluso, una célula fotoeléctrica.

Los accesorios

Los accesorios para la carga de los hornos son múltiples, y cada uno desempeña una misión específica. Así, por ejemplo, las cajas y tapas se utilizan para colocar dentro las piezas que no deban ser afectadas por los gases de la cocción. Las cajas más económicas son de refractario y chamota, pero su duración es muy escasa; actualmente se suele fabricar de carburo de silicio, que duran más y son muy buenas conductoras de calor. Con materiales refractarios difíciles de agrietar y romper se fabrican placas para colocar a modo de estantes dentro del horno, y para cocer los azulejos existen unos soportes especiales que evitan que las piezas se deterioren. Para la cocción de jarras se emplean trípodes que impiden que los barnices de las distintas vasijas se toquen, y para introducir al horno los platos y baldosas se usan unas barras con pivotes para separarlos. Los platos barnizados se colocan sobre un soporte precisamente en forma de plato, evitándose así la deformación. Estos soportes son de distintas formas, tamaños y calidades, a fin de que puedan ser aplicados a los diferentes modelos de hornos y piezas.

Ciclos de cocción

Para poder ser cocidas en óptimas condiciones, las piezas de cerámica deben hallarse completamente secas. De no ser así, pueden producirse roturas, al no poder evaporarse el agua que contienen con la suficiente rapidez. También los esmaltes deben estar secos, a fin de que no se contraigan, se enrollen o se despeguen del bizcocho. El principio de la cocción debe ser lento, para que el calor se vaya expandiendo progresivamente por el interior de las piezas. Si el horno se encuentra muy cargado o el material está muy crudo, conviene dejar su puerta entreabierta para que los vapores salgan con más facilidad. Hay que tener presente que el mayor peligro de rotura se presenta entre los 250 y los 500 grados. Por ese motivo, hasta alcanzar esta última cifra, iremos subiendo la temperatura muy lentamente (tardaremos entre una y dos horas), cerrando la puerta hacia los 350 grados. Sobrepasados los 500, y si las piezas ya no despiden vapor, aumentaremos la temperatura con más rapidez y sin miedo a que las piezas se deterioren. Finalmente, el enfriamiento del horno se realizará también lentamente, para que no se produzca un cambio brusco de temperatura, que también podría romper las piezas. Y si éstas llevan esmalte, convendrá cocerlas primero solas, y someterlas así a más elevadas temperaturas.

CONSTRUCCIÓN DE UN HORNO

Parte de la tarea que ha de conocer el ceramista se halla en relación muy directa con la técnica y el bricolaje de sus útiles propios. Por ello sugerimos la forma de construir un horno de reducidas dimensiones y modesto en cuanto a sus posibilidades, ya que sólo alcanzará los 1.100 grados.

No serán precisas herramientas excesivas, ahora bien deberemos guiarnos en cada paso de las indicaciones que se señalan en el desarrollo gráfico. Destacaremos que en la última parte del proceso necesitaremos: 2 m de manguera de 3 por 2,5 mm, 3 clemas de doble conexión, 2 m de cable de 2,5 mm, un temporizador, un pirómetro y fibra cerámica.

1

Para la construcción del horno necesitamos: ladrillos refractarios aislantes, un kilo de cemento, espátula, pincel y agua.

2

Como formaremos el horno a partir de la longitud de un ladrillo y la mitad de otro, cortamos uno por la mitad.

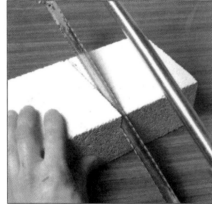

3

Con el pincel aplicamos cemento en el borde de un ladrillo entero, al que más tarde habremos de unir la mitad de otro.

4

Deslizamos ambas caras en contacto a fin de que la acción de unión de los ladrillos se vea facilitada.

5

Después de obtener otra hilada exactamente igual a la anterior, procederemos a aplicar con el pincel cemento refractario.

6

Por el mismo sistema anterior unimos las dos «tiras» de ladrillos, con las que obtendremos una pared del horno.

7

Pasamos ahora a practicar los agujeros necesarios en las paredes; para ello precisamos brocas de distintos tamaños.

8

Taladramos la pared anterior y posterior. La pared anterior llevará taladros pasantes, y la posterior sólo se taladra hasta la mitad.

9

Montamos dos ángulos con dos paredes y obtendremos las cuatro paredes del horno. En primer término, la base del mismo.

10

Para las resistencias necesitamos: 23 m de hilo kanthal de 1,30 mm de diámetro, piezas de madera, varilla para bobinar, clavos y varilla pasante.

11

Taladramos la varilla para bobinar, a fin de introducir una varilla pequeña con la que hacer girar sobre el caballete la varilla grande.

12

Una vez construido con las maderas el caballete y sujeto con el gato a la mesa, fijamos con cinta aislante el extremo del hilo.

13

Con ayuda de la varilla pequeña comenzamos a dar vueltas a la varilla grande y bobinamos 11,5 m de hilo.

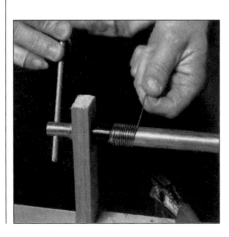

14

Una vez bobinada la mitad del hilo (11,5 m), habremos obtenido las cuatro resistencias de una pared del horno.

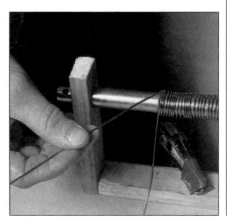

15

En los extremos de este hilo bobinado trenzamos con los alicates un hilo en cada extremo de 25 cm de longitud.

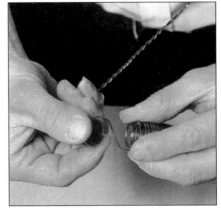

16

A lo largo de todo el hilo efectuamos cuatro divisiones iguales, pues este hilo dará origen a cuatro tramos de la resistencia.

17

En tres puntos, pues, estiraremos la espiral y le daremos la distancia que tenga la pared entre los taladros practicados.

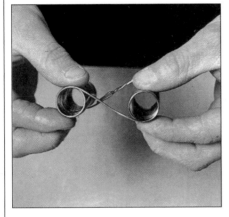

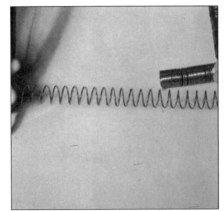

18

Cada parte de la resistencia deberá tener la misma longitud, 23 cm, que será la de la pared del horno.

19

Efectuamos los taladros oportunos, cuatro por cada resistencia, que habrán de tener un diámetro de 5 mm.

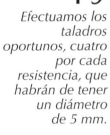

20

Introducimos en el interior del horno la resistencia, cuyos extremos saldrán al exterior por los orificios más alejados.

21

Introduciendo los cuatro tubitos de alúmina tabular, esqueleto de la resistencia, ésta queda perfectamente alojada.

22

Exactamente igual que la base será la tapa del horno. En el centro practicaremos un taladro para salida de gases.

23

Revistiremos la tapa del horno con dos planchas de fibra cerámica que facilitará el cierre y servirá como aislante.

24

Hemos recortado una plancha de fibra a la misma medida de la tapa y una segunda en la que dejaremos un margen saliente de 5 cm.

25

Mediante unas grapas efectuadas por nosotros mismos, fijaremos los bordes de la fibra cerámica.

26

En el centro de la tapa pondremos alguna grapa para evitar que la fibra se despegue con el calor del horno.

27

Después de construir las paredes, la tapa y la base del horno, además de haber montado las resistencias damos por concluida la primera parte de la construcción de un pequeño horno.

28

Iniciamos la segunda parte de nuestro trabajo cortando nueve piezas metálicas de 50 cm. Las patas tendrán 14 cm.

29

Con cuatro chapas de aluminio de 49 por 37 cm y otra más de 49 por 49 cm construimos el armazón del horno.

30

A 35 cm. de la parte alta de la pata practicamos un orificio a la chapa donde fijar un tornillo.

31

Con una de las nueve piezas primeras fijamos un larguero en la parte inferior del horno que refuerce la base.

32

Apretamos todos los tornillos colocados como puntos de sujeción del armazón de la estructura metálica del horno.

33

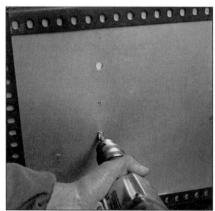

Practicamos cuatro orificios que habrán de coincidir con los puntos por donde deben salir las resistencias.

34

Seccionamos ahora un ladrillo en cuatro partes iguales, y sobre estos trozos coloraremos la base del horno.

35

Echamos termita —material aislante— hasta la altura de los cuatro soportes, teniendo cuidado de que esté bien prensada.

36

Limpiamos perfectamente los cuatro trozos de ladrillo, puesto que sobre ellos se habrá de fijar la base del horno.

37

Centrando lo más posible la base del horno, la colocaremos sobre los tacos de ladrillo. La base no va fija a las paredes.

38

Ahora es el momento de introducir las cuatro paredes del horno en el interior de la estructura metálica donde se alojará.

39

Sacamos los extremos de las resistencias por los agujeros practicados en la chapa de la parte delantera.

40

En el centro de la pared izquierda del horno situamos un tubo de 15 cm de longitud que servirá de mirilla y de salida de gases.

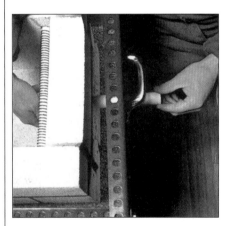

41

Una vez centrado el horno, es el momento de rellenar con más termita los espacios entre las chapas y los ladrillos de las paredes.

42

Con un listón de madera conseguimos que la termita se asiente y esté prensada lo suficiente. Finalmente, la nivelaremos.

43

Cortamos fibra cerámica para proteger y revestir la parte superior del horno, sabiendo que este acabado, es opcional.

44

Con las manos introducimos por debajo de los bordes metálicos la fibra cerámica para que asiente bien.

45

Recortamos los bordes sobrantes con una simple hoja de sierra. Esta parte del proceso queda así finalizada.

46

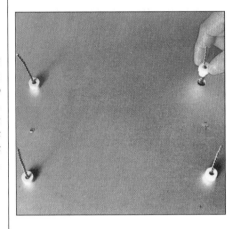

Para que los terminales de la resistencia no toquen la chapa, colocaremos en los cuatro orificios unos pasamuros aislantes.

47

Introducimos los dos extremos de la resistencia en los orificios apropiados de la clema.

48

Una nueva clema nos servirá para fijar la manguera de entrada y fijaremos con un tornillo de rosca-chapa el cable de tierra.

49

En un trozo de chapa, de 15 por 20 cm, fijamos el piloto y el temporizador, que controla la temperatura de cocción del horno.

50

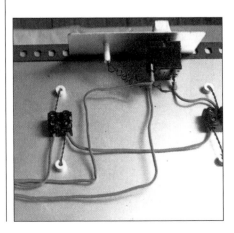

Observamos en esta fotografía el esquema eléctrico ya montado. Todo el cableado lo compone hilo de 2,5 mm.

51

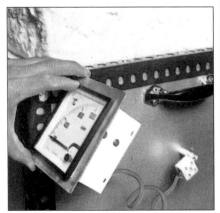

A partir de un taladro, introducimos el termopar, que, conectado a una clema, pasa el pirómetro a través del cable de compensación.

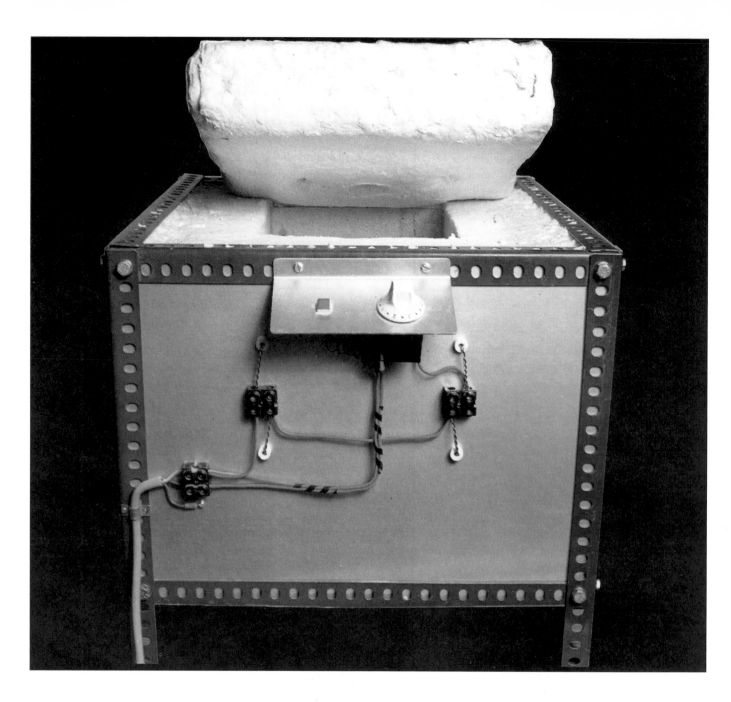

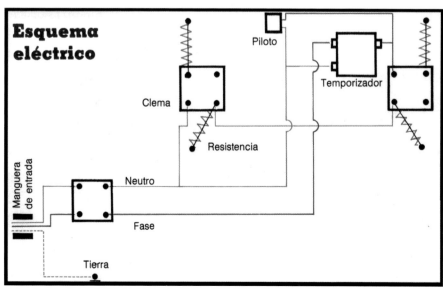

Esquema eléctrico

Piloto

Temporizador

Clema

Resistencia

Manguera de entrada

Neutro

Fase

Tierra

De cara a la mejor comprensión del proceso de instalación eléctrica llevada a cabo en el presente horno, este breve esquema será una guía útil para aquellos que, desconocedores de los esquemas eléctricos, se hayan propuesto este sencillo y muy práctico trabajo.

Claves para la elaboración de esmaltes

APROXIMACIÓN A LOS ESMALTES

El esmalte es una cubierta formada por fusión de varios elementos, con diferentes propiedades según la combinación de éstos, y que se aplica sobre la base de cerámica cruda. Además de las propiedades decorativas que ya en sí mismo ofrece, con su aplicación se proporciona a la cerámica impermeabilidad y un aumento de su resistencia físico-química. Los esmaltes comunes en el mercado no cubren todas las necesidades que pueden presentarse en la elaboración de la cerámica, pero el conocimiento completo de su manipulación y formas de uso ofrece tal número de posibilidades, que, se puede asegurar, permiten resolver cualquier tipo de problemas que se presenten. La fabricación personal del esmalte hará posible imprimir a la obra, además, un sello único, individual, de cada artista.

En principio, utilizaremos esmaltes fabricados por casas especializadas, que iremos aprendiendo a utilizar y adquiriendo práctica en la resolución de las dificultades. Por el momento, emplearemos solamente esmaltes de baja temperatura (entre 800 y 1.050 grados), para aplicar sobre piezas de barro y mayólica. Más adelante, conforme lo vaya requiriendo el aprendizaje, se irá aumentando la gama de esmaltes y se abundará en los procedimientos de elaboración.

Para comenzar a conocer los esmaltes en el horno, realizaremos una paleta en la que apreciamos perfectamente su comportamiento al ser sometidos a baja temperatura.

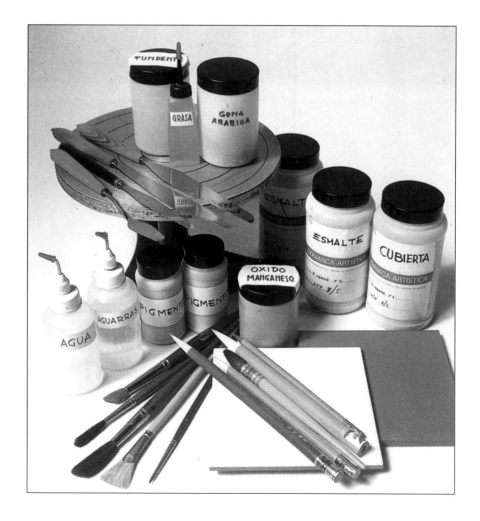

Materiales: pinceles, un azulejo esmaltado, una loseta catalana, esmaltes, grasa cerámica, fundente, goma arábiga, pigmentos, óxido de manganeso, agua, aguarrás y espátula.

1

Trazamos sobre la loseta catalana unas líneas para formar los distintos compartimentos donde irán alojados los esmaltes.

2

Depositamos una pequeña cantidad de óxido de manganeso sobre el azulejo esmaltado.

3

Ligamos el óxido con un poco de grasa, procurando calcular la cantidad para que se fije bien la pintura sin que llegue a desplazarse.

4

Seguidamente, añadimos un poco de aguarrás para dar fluidez a la mezcla, midiendo bien la cantidad.

5

Comenzamos a pasar la «cuerda seca» con un pincel muy fino por la línea marcada a lápiz sobre la loseta.

6

Anotamos los nombres de los esmaltes sobre los espacios que van a ocupar cada uno, con la misma mezcla con que trazamos la «cuerda seca».

7

Después de limpiar el azulejo, depositamos sobre él esmalte, añadimos el pigmento que deseemos y un poco de fundente.

8

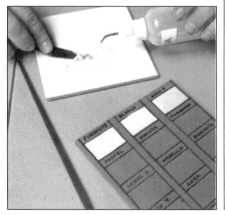

Habrá que añadir, en ocasiones, un poco de agua para hacer más fluida la mezcla, pero sólo la cantidad necesaria, no en exceso.

9

Ya tenemos lista la loseta con todos los esmaltes cuyo comportamiento deseamos comprobar. Esperamos a que seque.

10

Colocamos la loseta en el horno y la coceremos. Observaremos cómo se ha realizado la fusión de todos los colores.

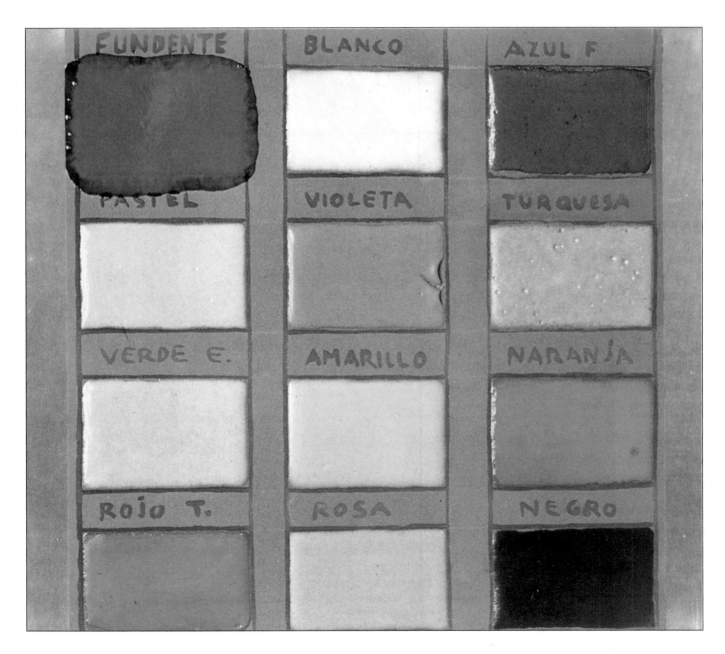

CLASIFICACIÓN DE LOS ESMALTES

Con respecto a su preparación, los esmaltes pueden ser clasificados en crudos o fritados, y cada uno de ellos, si nos atenemos a su punto de fusión, de baja o de alta temperatura. Tanto los esmaltes crudos como los fritados deben ser molidos, los primeros con un mortero y los de frita en un molino de bolas. Y a fin de que los ingredientes alcancen las proporciones necesarias, habrá que pesarlos con precisión. Sin duda alguna, éste es uno de los temas que todo ceramista debe conocer a la perfección.

Los esmaltes en crudo se preparan moliéndolos en un mortero. Una vez molidos y tamizados, se aplican directamente sobre la pieza cerámica.

Los esmaltes fritados se obtienen a partir de la frita, que se presenta en escamas. Para ser empleada hay que molerla en un molino de bolas.

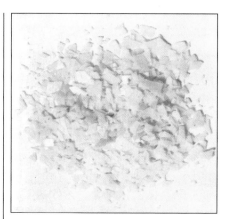

El molino de bolas, como el que aparece en la fotografía, es el más adecuado para llevar a cabo la molienda de las escamas en que se presenta la frita.

Esmalte transparente característico y muy conocido por su brillo. De uso común en las piezas cerámicas empleadas habitualmente como elementos prácticos.

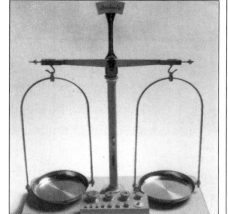

Las proporciones de los ingredientes de los esmaltes deben ser medidas con algún instrumento de precisión, como el granatario o balanza.

RECETAS PARA ELABORAR ESMALTES

Los materiales básicos que se emplean en la elaboración de los esmaltes pueden ser, de acuerdo a la clasificación ya expuesta: fundentes (galena, minio, litargirio, carbonato de plomo, basilicato de plomo, carbonato potásico, bórax, carbonato cálcico, feldespato, dolomita, magnesia y nefelita sienita), opacificantes (óxido de estaño, espato de flúor, óxido arsénico, óxido de circonio, fosfato tricálcico, fosfato magnésico, fosfato sódico, criolita, titanio y rutilo) o mateantes (alúmina, dióxido de titanio, rutilo, óxido de cinc, caolín, silicato cálcico y óxido de bario). Añadiendo al material básico elegido los ingredientes adecuados, según unas determinadas proporciones, se consiguen las recetas que nos permiten la obtención de los distintos esmaltes. Exponemos a continuación algunas de estas recetas de uso más común.

TEMP.	TEXTURAS		
	TRANSPARENTE	**OPACO**	**MATE**
950°	Carb. plomo ..... 55 Feldespato .... 19 Carb. cálcico ... 2,5 Colemanita ...... 5 Arcilla .... 2,5 Cuarzo 16	Carbo. plomo .. 60 Feldespato .... 23,5 Óxido zinc ...... 1,5 Carb. cálcico ... 5 Arcilla .... 9 Cuarzo 18,5	Feldespato ...... 38,5 Carb. bario ..... 11 Óxido zinc ..... 4,5 Colemanita ..... 33 Cuarzo 13
1.040°	Minio .... 58 Cuarzo .... 32 Feldespato .... 5 Caolín 5	Carb. plomo .... 52 Feldespato .... 20,5 Cuarzo .... 18,5 Caolín .... 3 Carb. cálcico ... 6	Carb. plomo ... 41,5 Carb. cálcico ... 6,5 Feldespato ...... 20,5 Caolín .... 7 Cuarzo .... 12 Carb. bario 12,5
1.180°	Feldespato .... 44 Colemanita ...... 17,5 Carb. bario ...... 18,5 Carb. cálcico ... 7 Caolín .... 2,5 Cuarzo 10,5	Feldespato .... 45 Cuarzo .... 19 Caolín .... 2,4 Carb. cálcico ... 7,5 Colemanita ..... 16,5 Óxido zinc ...... 3,8 Dolomita 5,8	Petalita .... 17,7 Feldespato ...... 26,5 Cuarzo .... 9 Caolín .... 9 Carb. cálcico ... 25,3 Boro calcita 2,5
1.280°	Nefelina .... 34 Carb. cálcico ... 18 Cuarzo .... 30 Caolín .... 16 Óxido zinc 2	Nefelina .... 34 Carb. cálcico ... 18 Cuarzo .... 30 Caolín .... 16 Óxido zinc ...... 2 Óxido estaño ... 5	Feldespato ...... 49 Caolín .... 25 Dolomita .... 22,5 Carb. cálcico ... 3,5

Minio: *Pigmento de color rojo, compuesto por un 80 por 100 de ortoplumbato de plomo y un 20 por 100 de protóxido de plomo. Se emplea como fundente.*

Litargirio: *Monóxido de plomo tetragonal, de color amarillo. Es muy tóxico. Se emplea también como fundente.*

Galena: *Su composición química es sulfuro de plomo, de color gris metálico y brillante, con algunas variaciones.*

Bisilicato de plomo: *Es uno de los fundentes que más se suelen emplear en el esmalte cerámico, por los buenos resultados que ofrece.*

Óxido de estaño: *Se emplea como opacificante, para ocultar la superficie de la pieza que se esmalta, siendo su uso muy extendido.*

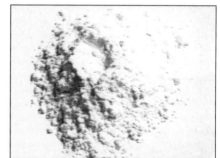

Espato flúor o fluorita: *Fluoruro cálcico, con brillo vítreo y cierta transparencia, o pacificante, muy empleado también en el esmalte cerámico.*

Rutilo: *Óxido natural del titanio. El rutilo lleva hierro y otras impurezas. Opacificante empleado para esmaltes.*

Alúmina: *Óxido de hidróxido de aluminio, que retiene con gran fuerza las materias colorantes que se le añadan. Se emplea como mateante.*

LOS DEFECTOS DE ESMALTADO

En la actualidad pocos rasgos comunes guarda el ceramista con el alfarero tradicional. Son muchos los conocimientos técnicos que debe poseer el artista para decorar sus obras no sólo con maestría sino fundamentalmente con éxito. Lejos están los tiempos en que el artesano repetía con sus manos fórmulas decorativas heredadas y procedía a cocer las piezas en el horno siguiendo las directrices de sus maestros. Hoy el artista del barro ha de conocer y dominar todos los pasos que ha de sufrir su obra: desde la creación hasta la culminación de la misma. Y en este largo proceso por el que ha de pasar la pieza de barro existe un estadio inevitable y determinante: la cocción.

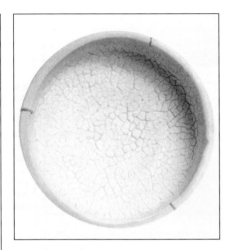

Efecto de cuarteo: *Aparecen rajaduras en la superficie, debido a que el coeficiente de dilatación del esmalte es muy elevado. Puede evitarse aumentando la temperatura de cocción en 20-30 grados, cociendo la pieza durante más tiempo o enfriando el horno más adelante.*

Saltado del esmalte: *Es el efecto contrario al de cuarteo, y se produce porque el coeficiente de dilatación del esmalte es muy bajo. Algunas partes del vidriado saltan o se despegan. Entre las posibles soluciones, apuntamos reducir en 20-30 grados la temperatura o cocción o lijar la vasija.*

Reventado del esmalte: *El esmalte salta o revienta en algunas zonas, dejando ver el barro. Se produce porque el bizcochado contiene granos de sal de la materia prima y se corrige aumentando la molienda de la misma para pulverizarlos.*

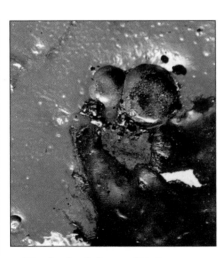

Pinchado del esmalte: *La causa más frecuente son las partículas de suciedad. Aparecen poros minúsculos sobre la vitrificación. Para evitar este defecto conviene limpiar la pieza con un cepillo antes de esmaltar y no producir un enfriamiento rápido del esmalte.*

Recogido y «piel de naranja»: *La superficie del esmalte, tras la cocción, aparece arrugada y con aspecto de piel de naranja. Es un defecto de aplicación del esmalte, muy común cuando se hace con pistola. Es fácil de evitar aumentando la distancia entre la pistola y la pieza.*

Efecto de sobrecocción: *Por exceso de calor, el esmalte se deforma y se producen unos defectos similares al hervido del agua (ha hervido el esmalte). La única solución que existe a este problema es someter las piezas al proceso de cocción a una temperatura inferior.*

PRECAUCIONES DURANTE LA COCCIÓN

Para que los esmaltes no se deterioren es necesario que sean sometidos a cocción en unas condiciones adecuadas, no sólo en lo que se refiere a temperatura y tiempo del proceso, sino también en lo concerniente a su colocación sobre la base del horno, de la que habrán de hallarse separados, a fin de que no se peguen a ella al fundir.

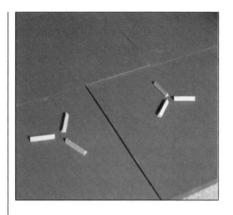

Para que el esmalte aplicado a la pieza no escurra, es suficiente colocar unos pequeños separadores sobre las plaquetas que protegen la base del horno, de la manera que muestra la fotografía.

Colocando la pieza esmaltada para su cocción, sobre los separadores si escurre esmalte, la vasija no se pegará a las plaquetas. Por otra parte, evitarán que el esmalte alcance la base del horno.

Si el esmalte con el que trabajamos escurre, lo más conveniente será hacer un cuenco de barro con una base elevada en el centro, sobre la que colocaremos la pieza que vayamos a someter al proceso de cocción.

De esta manera, el esmalte escurrido se deposita en el interior del cuenco, lejos de la base de la pieza, y el mismo cuenco impedirá que el esmalte llegue a tocar la base del horno, si no empleamos plaquetas.

Posibilidades decorativas de las losetas

La cerámica roza las fronteras de las artes decorativas en una de sus vertientes técnicas más populares: la ornamentación de losetas y azulejos, que, a la vez, tienen como misión última servir de objetos y piezas de adorno. El trabajo con losetas resulta atractivo al aficionado al barro, porque no se necesitan conocimientos especiales de dibujo, de modelado o incluso un gran dominio de las manos. Se trata de algo mucho más sencillo: comprobar algunas cualidades técnicas y colorear los diseños, fabricando correctamente los engobes o los propios esmaltes.

La forma más primitiva de decoración de una plancha de barro es con arcilla de un color diferente al que posea la propia placa de arcilla. En este caso la imaginación ha de emplearse en efectuar un diseño suficientemente sugerente. La cocción será única y el proceso extremadamente corto y exento de complicaciones.

La decoración con esmaltes sí admite un buen número de variantes. Al mismo tiempo ofrece las garantías de brillantez que sólo adquieren los colores del ceramista. En primer lugar abordaremos el modo en que el artista ha de llevar a cabo su propia paleta con los colores cerámicos. Será clave la ejecución de este trabajo que nos mostrará el comportamiento que tienen los distintos esmaltes tras el proceso de cocción. Recordemos que las piezas a esmaltar han de sufrir previamente un bizcochado, es decir, una cocción primera, que permita aplicar con posterioridad los distintos esmaltes y su cocción correspondiente.

Respecto del proceso de esmaltado de losetas, abordaremos dos variantes sumamente interesantes. Una se denomina «cuerda seca» y la otra «cloisonné». En ambos trabajos lo que se pretende es parcelar el diseño para evitar que los colores que apliquemos se mezclen entre sí. En el primer caso el producto elaborado será el medio para perfilar el dibujo y en el segundo, unos simples «macarrones» harán las veces de pequeñas paredillas de separación.

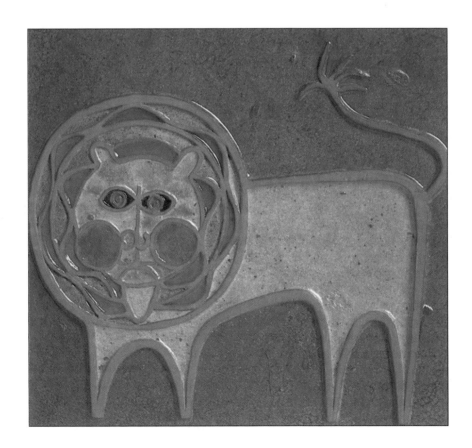

PRIMITIVA DECORACIÓN DE UNA PLANCHA

Una de las variantes plásticas que más atractivas resultan a los que se inician con el barro es la decoración de planchas y pequeñas losetas. Introducidos ya en la ejecución de planchas de reducidas dimensiones, proponemos en este primer trabajo la decoración a partir de una fórmula muy sencilla que consiste en grabar un motivo sobre el barro crudo y colorearlo con arcilla líquida que contraste con el color general de la propia plancha. Una variante decorativa consistirá en introducir en los canales realizados finos macarrones de un barro también de diferente color.

Materiales: una plancha de barro, un recipiente con agua, una perilla, arcilla blanca, pincel y vaciadores.

1

Trazamos sobre la plancha de barro el diseño presionando con la punta de un lápiz.

2

Comenzamos a retirar con el vaciador el barro, exactamente por encima de las líneas del dibujo.

3

El motivo ya está transferido completamente a la plancha. Repasamos el dibujo.

4

Para obtener la «papilla» del engobe utilizaremos el mortero y en él mezclaremos arcilla blanca, colorante y un poco de agua.

5

Llenamos los canales del dibujo con el engobe blanco, que iremos haciendo salir poco a poco presionando la perilla.

6

Sobre el mismo ejercicio podemos introducir la modificación de rellenar los canales con macarrones oscuros.

7

Después de retirar de los canales el engobe blanco introducimos la pieza en el horno a una temperatura de 950 grados.

ESTAMPACIÓN Y ESMALTADO

Tras la comprobación del comportamiento de los esmaltes en el proceso de cocción, vamos a desarrollar un bello trabajo en el que partiremos del grabado de una plancha de escayola. Con ella obtendremos la impresión de un motivo sobre una loseta o plancha de barro crudo. Antes de pasar a la aplicación de los oportunos esmaltes realizaremos el «bizcochado» de la pieza a partir del cual llevaremos a cabo la decoración con color de nuestra plancha. Los colores empleados cobrarán auténtico brillo tras sufrir la segunda etapa de la cocción.

Resulta inigualable la viveza cromática
que adquieren las losetas decoradas con esmaltes,
independientemente del proceso
que se haya seguido para la decoración
de la pieza de forma lineal.

Materiales necesarios: bastidor articulado, plancha de escayola, navaja, punzón, pincel, lápiz, papel, muñequilla de tela, esmalte y agua, además de una pella de barro.

1

Con el lápiz, dibujamos sobre el papel el motivo que deseamos, con trazo firme, marcando bien las líneas.

2

Colocamos el dibujo sobre una base blanda y lo silueteamos con un punzón, perforándolo.

3

A continuación colocamos el papel dibujado sobre la plancha de escayola y, con la muñequilla manchada de grafito, lo golpeamos ligeramente.

4

Observamos ahora la plancha de escayola, sobre la que ha quedado calcado el dibujo; si es necesario, retocamos algunos puntos.

5

Con el punzón, realizamos un hendido sobre la escayola, siguiendo todas las líneas del dibujo.

6

El dibujo original ha quedado marcado sobre la escayola. Si hace falta, retocamos con el punzón donde convenga.

7

Introducimos seguidamente la plancha de escayola en el bastidor, donde luego depositaremos el barro, y lo cerramos herméticamente.

8

Vamos introduciendo en el bastidor pequeñas pellas de barro, rellenándolo hasta el mismo borde, presionando ligeramente para evitar huecos.

9

Sirviéndonos de una madera como ya hemos hecho en otros ejercicios, igualamos la superficie del barro con el nivel del bastidor.

10

Con la cuchilla, separamos el barro de las paredes del bastidor, cuidando de llegar hasta el fondo, es decir, hasta tocar la plancha de escayola.

11

A continuación vaciamos la parte posterior de la plancha de barro para evitar deformaciones durante la cocción.

12

Una vez retirado el bastidor, levantamos la plancha de barro, y procedemos a realizar la primera cocción del «bizcochado».

13

Elaborando los esmaltes, después de lavar la loseta, aplicamos el color con la espátula.

14

Proseguimos llenando con un pincel los espacios del motivo principal, aplicando los colores que hayamos decidido.

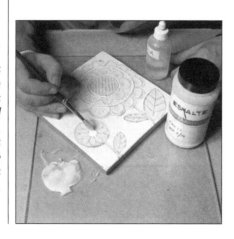

15

Concluido el proceso de aplicación de los colores, la loseta de barro ha quedado lista para ser introducida en el horno.

DECORACIÓN CON «CUERDA SECA»

En los primeros momentos de la decoración de losetas es muy común el empleo de sistemas para separar los diferentes colores o esmaltes aplicados. Tales separaciones permiten una mayor definición de los distintos elementos descritos cromáticamente, así como una mayor limpieza en el resultado final del trabajo. La utilización del sistema conocido como «cuerda seca» es muy popular y facilita hermosos trabajos. A modo de aplicación de este método llevaremos a cabo la decoración de una loseta ya cocida. Para fabricar la «cuerda seca» precisaremos: grasa cerámica, óxido de manganeso y aguarrás.

*Materiales:
loseta ya cocida,
papel, lápiz,
pinceles,
espátula,
esmaltes,
fundentes, grasa
cerámica,
aguarrás, goma
arábiga y agua.*

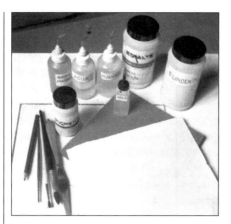

1

*Como debe ser
norma,
realizamos sobre
el papel, a lápiz,
el dibujo que
deseamos
esmaltar.*

2

*A continuación lo
reproducimos
sobre la loseta,
sirviéndonos de
un papel de
calco, procurando
que las líneas
queden bien
definidas.*

3

*Elaboramos los
ingredientes de la
«cuerda seca»
(óxido de
manganeso,
grasa cerámica
y aguarrás).*

4

*Preparada la
«cuerda seca», la
vamos aplicando
sobre todas las
líneas trazadas en
el dibujo sobre la
loseta.*

5

*Moliendo bien el
esmalte sobre un
cristal, lo
extendemos sobre
la loseta, con
fluidez para que
no forme grumos.*

6

*Proseguimos
trasladando los
esmaltes a la
loseta, moviendo
ésta ligeramente,
a intervalos, a fin
de que su
superficie quede
bien igualada.*

7

*Vamos aplicando,
de uno en uno,
cada esmalte
coloreado sobre
el dibujo.
Cocemos
la pieza a 950
grados.*

UNA VARIANTE DECORATIVA

En este nuevo ejercicio, el proceso de esmaltado es esencialmente idéntico al anterior. La única diferencia será que en lugar de emplear la «cuerda seca», que al fin y al cabo es sólo un recurso, vamos a separar los colores sin barreras físicas, siguiendo los límites que nos marque el dibujo trazado a lápiz. La limpieza resultará más difícil de conseguir, pero dependerá exclusivamente del cuidado con que apliquemos los colores. Si la loseta absorbe excesivamente la humedad del esmalte, la humedeceremos un poco antes de comenzar a plasmar los tonos. Es también conveniente colocar una tela entre el papel y la loseta en el momento de perforar aquél con el punzón.

Materiales: una loseta, papel, lápiz, muñequilla con carboncillo machacado, punzón, pinceles, esmaltes, fundente y agua.

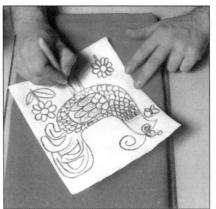

1

Perforamos con el punzón las líneas del dibujo, colocando una tela entre el papel y la loseta.

2

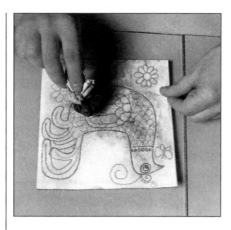

Colocando el papel sobre la loseta, lo golpeamos ligeramente con la muñequilla.

3

A continuación con un lápiz de grafito reforzamos el dibujo siguiendo los puntos marcados.

4

Sobre un cristal se prepara el esmalte, cuidando que tenga fluidez.

5

Los esmaltes que utilicemos deberán ser molidos con la espátula perfectamente.

6

Iremos aplicando sobre la loseta los colores uno a uno, comenzando por las zonas interiores.

7

Cuando hayamos terminado de esmaltar el motivo principal, realizamos los detalles exteriores.

8

En la zona en que el dibujo presente perfiles más complejos, utilizamos el pincel.

9

Cuando la loseta esté esmaltada en toda su superficie, la introduciremos en el horno.

EL «CLOISONNÉ»

Una de las técnicas más antiguas que se conocen para esmaltar planchas de barro dibujadas con motivos decorativos pictóricos, es la denominada *cloisonné*. Consiste esta técnica en dar relieve al dibujo trazado sobre la cerámica con pequeños macarrones, que se adhieren con barbotina, o aplicando una pasta de arcilla engobe con una pera de goma. Antes de distribuir los esmaltes coloreados se cuece la plancha de barro; es la primera de las dos fases que comprende el proceso.

En realidad, tanto los macarrones como los relieves de arcilla engobe superpuestos a las líneas del dibujo, desempeñan idéntica función que la «cuerda seca» que ya utilizamos anteriormente. Lo que ocurre es que en el *cloisonné* esos elementos entran a formar parte de la decoración, no son solamente un recurso de trabajo.

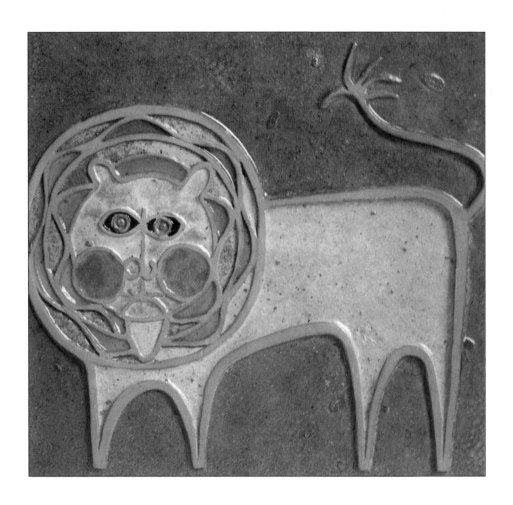

Materiales: plancha de barro, unos macarrones, barbotina, un palillo de modelar y un pincel.

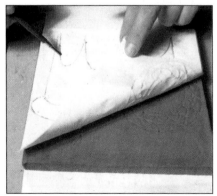

1

Con la punta de un lápiz, pasamos el dibujo, trazado en el papel, sobre el barro, presionando ligeramente.

71

2

Sobre el trazo del dibujo previamente impregnado de barbotina, vamos pegando los distintos macarrones.

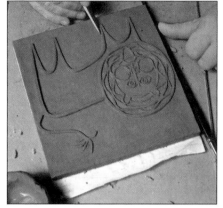

3

Con el palillo de modelar, perfilamos la totalidad de los macarrones, para fijar perfectamente a la plancha base.

4

Introducimos la plancha de barro en el horno, con lo que adquirirá dureza al bizcocharse el barro.

5

Cocida la plancha, disponemos lo necesario para decorarla: esmaltes, fundente, agua, espátula y pinceles.

6

Humedecemos con un pincel mojado la plancha de barro, para que no absorba en exceso después los esmaltes que apliquemos.

7

Comenzamos a elaborar los esmaltes, con la espátula aplicamos el primer color.

8

Utilizamos ahora el pincel para aplicar el esmalte a aquellas zonas más pequeñas que no podamos decorar con la espátula.

9

Concluida la plasmación de los esmaltes, introducimos la plancha en el horno para su cocción final.

Principios de la decoración con grasa

COMPROBACIÓN DE COLORES

El primer paso que habremos de dar antes de iniciarnos en la decoración de losetas con los colores de grasa es efectuar —como ya lo hicimos en el caso de los esmaltes— una paleta. La realización de una breve paleta nos permitirá comprobar la forma en que se van a comportar los colores que deseamos emplear tras el proceso de la cocción en el horno.

Materiales: pigmentos colorantes, aguarrás, grasa, espátula, pincel, lápiz, losetas y un cristal.

1

Distribuimos sobre el cristal los diferentes pigmentos, bien mezclados con aguarrás y unas gotas de grasa.

2

Aplicamos los colores, separadamente, sobre la loseta, a fin de que se distingan perfectamente.

3

Introducimos la loseta en el horno y la cocemos a una temperatura de 750 grados centígrados.

4

Tras la cocción podemos observar cómo van a quedar los colores una vez finalizada la decoración de losetas.

UN PAISAJE PARA INICIARSE

Hemos de empezar a practicar con los colores de grasa sobre losetas sencillas. Tomaremos, pues, un azulejo y lo limpiaremos con aguarrás perfectamente para eliminar cualquier resto de suciedad. Más tarde prepararemos los colores y comenzaremos a aplicarlos, teniendo en cuenta, en todo momento, que primero realizaremos las grandes manchas para concluir con los detalles de color más concretos.

1

Pintamos sobre una loseta, con pinceladas largas, de extremo a extremo, la zona del cielo del paisaje.

2

Damos color a la zona inferior y desarrollamos la masa nubosa en la zona intermedia del cuadro a grandes rasgos.

3

Con pequeñas pinceladas representamos la panorámica lejana del pueblo y aplicamos el color de la masa nubosa.

4

Trazamos, a grandes pinceladas, los contrastes de las zonas luminosas y sombras que se producen sobre el terreno.

5

Concluido el cuadro, cocemos la loseta, con lo que aflorarán en el paisaje los verdaderos tonos de nuestro pequeño cuadro.

DECORACIÓN DE VARIAS LOSETAS

La decoración con grasa cobra auténtica dimensión artística cuando se lleva a cabo sobre un conjunto de losetas que finalmente compondrán una escena o un gran paisaje. En el presente ejercicio proponemos el desarrollo de un paisaje en el que difuminaremos o «pituaremos» ciertas zonas de color, puesto que el tema exige una atmósfera general envuelta y poco definida. Recordemos que en caso de que sea preciso llevar a cabo rectificados usaremos el borde de una cuchilla.

1

Colocamos, de manera conveniente, las losetas y copiamos sobre ellas el paisaje dibujado en el patrón.

2

Sobre el cristal elaboramos con aguarrás y grasa los distintos pigmentos con los que vamos a pintar.

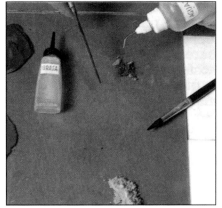

3

Comenzamos pintando la zona baja del cuadro y pintamos con una esponja algunos lugares para difuminar.

4

En el caso de que se derramara pintura sobre el cuadro, la eliminaremos raspándola con una cuchilla.

5

Proseguimos aplicando colores y realizando motivos hasta que hayamos terminado de cubrir las losetas.

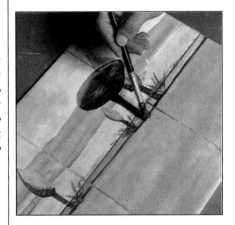

6

Con pinceladas amplias, de extremo a extremo, oscurecemos la zona inferior y añadimos detalles concretos.

7

Introducimos en el horno las losetas, separadamente, una en cada piso, y las cocemos a una temperatura de 750 grados.

8

Después de la cocción volvemos a colocar las losetas ordenadamente y damos por culminada la obra.

PRECISIÓN EN LA PINTURA CON GRASA

Abundando en el trabajo decorativo de varias losetas, proponemos un nuevo trabajo aún más sugerente que el anterior. Pues bien, si en el paisaje precedente nuestra intención era fundamentalmente la de representar el cromatismo y la atmósfera del tema, ahora buscaremos todo lo contrario, es decir, una gran definición de los distintos elementos que integran el diseño del que partimos. Fundamentalmente emplearemos sólo dos colores —el negro y el marrón— y con ellos obtendremos unos interesantísimos efectos estéticos.

Materiales: seis losetas, pinceles, aguarrás, grasa, pigmentos negro y marrón, espátula, un trapo y un cristal.

1

Limpiamos bien las losetas con un poco de aguarrás, para eliminar la suciedad y la grasa.

2

Con un lápiz blando dibujamos sobre las losetas el motivo que deseamos reproducir con pintura.

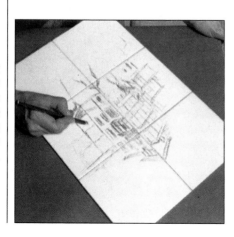

3

Con grasa y pigmento marrón, bien mezclados, elaboramos el color básico que emplearemos.

4

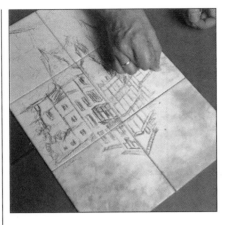

Ayudándonos de un trozo de algodón, «pituamos» el cielo, dando leves toques de color.

5

Con más cantidad de color, y sirviéndonos ya del pincel, comenzamos a pintar las casas.

6

Preparamos ahora con el pigmento negro un tono más oscuro, mezclándolo con el anterior.

7

Es necesario efectuar bien la mezcla de tonos, para que el color resulte uniforme.

8

Aplicamos ahora con un pincel el nuevo tono sobre las zonas de las fachadas que deseemos.

9

«Pituamos» ahora la zona inferior del cuadro, por debajo de las casas, para dar el efecto de las rocas.

10

Elaboramos otro tono, aún más claro, y plasmamos los detalles de las balconadas y ventanas.

11

Añadimos con un pincel fino detalles en la zona inferior del cuadro, y dejamos la obra lista para ser cocida.

UN TRABAJO MUY MINUCIOSO

Si a la decoración de un conjunto de losetas unimos el empleo de un buen número de colores sobre un diseño abigarrado de formas y volúmenes, realmente nos encontramos llegando a los límites de dificultad técnica de la pintura con grasa. Ante todo, en estas circunstancias, habremos de cuidar el orden en la ejecución de los distintos estadios de nuestro trabajo, así como la limpieza y precisión en el propio desarrollo.

Materiales: losetas, pigmentos de colores, espátula, lápiz, pinceles, aguarrás, grasa, un trapo y trozos de esponja para «pituar».

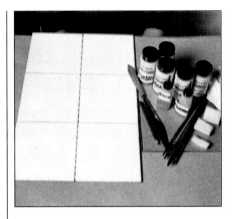

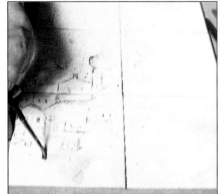

1

Después de dibujar con el lápiz el motivo a reproducir, aplicamos con el pincel un poco de color en el cielo.

2

Con un trocido de esponja «pituamos» el cielo, para dejar un tono muy desvaído, apenas perceptible.

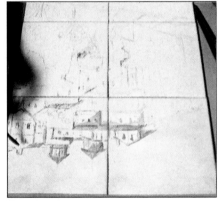

3

Pintamos ahora con otro color los contornos y perfiles del conjunto de edificios que integran el cuadro.

4

Aplicamos ahora otro color, a fin de interpretar las zonas de arboleda en distintos planos de la obra.

5

Con un pincel fino desarrollamos los detalles y contrastes que ofrecen los árboles.

6

Preparamos otro color y comenzamos a pintar la zona inferior del cuadro, y «pituamos» algunas zonas.

7

Elaborando un tono más oscuro trazamos las grietas y sinuosidades del macizo rocoso bajo las casas.

8

Con un pincel fino y con un tono verde oscuro pintamos los árboles, cubriendo parte de la roca.

9

Ejecutamos ahora el contorno de la barda con unas pinceladas corridas y muy intensas de color.

10

Insistimos en el borde de la barda hasta darle al mismo el grosor que presenta en la realidad.

11

Realizamos ahora el relieve característico de las tejas colocadas en hilera sobre el borde de la tapia.

12

Pintamos en este paso la superficie de la tapia, destacando en ella los volúmenes de las piedras.

13

Finalmente, reproducimos en la zona inferior del cuadro una pequeña zona de terreno cubierto de hierba.

DECORACIÓN DE GRASA SOBRE ESMALTE

La aplicación de la decoración con grasa sobre una loseta ya esmaltada es una técnica que se utiliza mucho en cerámica. Su proceso se divide en dos partes: durante la primera se cubre con esmalte la loseta en sus superficies más amplias, con lo que conseguiremos los colores planos, y en la segunda etapa, sobre la loseta ya esmaltada y cocida, se vuelve a pintar con esmalte, desarrollando los detalles del dibujo hasta completar el trabajo. Las piezas así decoradas deberán cocerse en el horno entre los 950 y los 1.000 grados centígrados.

*Materiales:
esmaltes, goma
arábiga, fundente,
agua, grasa,
aguarrás, óxido
de manganeso,
pigmentos,
espátula, loseta y
torneta.*

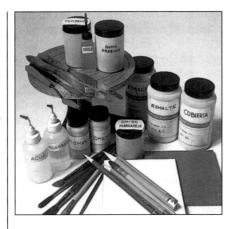

1

*Dibujamos sobre
un patrón el
motivo con que
vamos a decorar
y lo pasamos a la
loseta con un
lápiz.*

2

*Mezclamos el
óxido de
manganeso con
un poco de
aguarrás para
preparar una
«cuerda seca».*

3

*A la mezcla
conseguida
anteriormente
añadimos grasa y
molemos bien el
producto, a fin de
uniformarlo.*

4

*Con un pincel
fino vamos
aplicando la
«cuerda seca»
siguiendo las
líneas que
marcan los
contornos.*

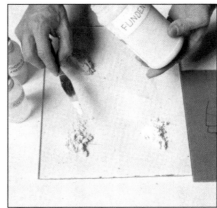

5

*Preparamos los
esmaltes con
agua, goma
arábiga y
añadiendo la
proporción de
fundente que sea
necesaria.*

6

*Sirviéndonos de
la espátula,
cubrimos con los
esmaltes las
zonas de mayor
superficie del
dibujo.*

7

*Con la ayuda de
un pincel
rellenamos de
esmalte ahora los
espacios más
pequeños del
dibujo.*

8

Introducimos la loseta en el horno y la cocemos a una temperatura de 950 a 1.000 grados centígrados.

9

Presentamos la loseta ya cocida y junto a ella los materiales necesarios: grasa, aguarrás, pigmentos, espátula, pincel y un cristal.

10

Hasta este momento hemos aplicado los colores planos. Preparamos el pigmento elegido con aguarrás.

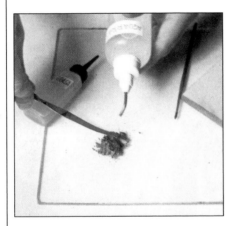

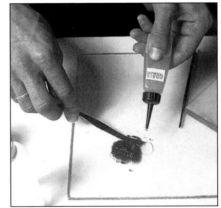

11

A la mezcla efectuada anteriormente añadimos un poco de grasa y molemos uniformando el esmalte.

12

Comenzamos a aplicar el color de grasa elaborado sobre la loseta esmaltada antes con los colores planos.

13

La loseta ya totalmente esmaltada presentará este aspecto antes de ser introducida de nuevo en el horno.

Introducimos la loseta en el horno y la cocemos, también a una temperatura de aproximadamente 1.000 grados.

UN DISEÑO SUGERENTE

En la misma línea técnica de nuestro trabajo anterior de decoración con grasa sobre esmalte, concluiremos el presente capítulo con un diseño auténticamente sugerente, por la complejidad de detalles y la diversidad de esmaltes plasmados. Como en el caso anterior, los límites los definiremos mediante «cuerda seca», para diferenciar muy bien las distintas parcelas de color. Por último, hemos de tener en cuenta que puesto que el tema exige una gran definición y lujo de detalles, habremos de contar con un buen surtido de pinceles, especialmente finos.

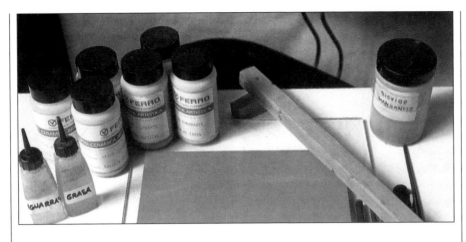

Materiales: pigmentos, aguarrás, grasa, lápiz, pinceles, espátula, óxido de manganeso, una loseta y un cristal.

1

Mezclamos óxido de manganeso con aguarrás y grasa y hacemos con ello la «cuerda seca».

2

Con un pincel fino dibujamos sobre la loseta los contornos del motivo con el que la decoraremos.

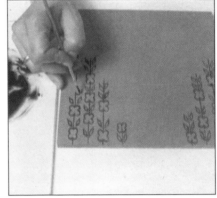

3

Cuando hayamos pasado todas las líneas de nuestro dibujo, la loseta ofrecerá este aspecto.

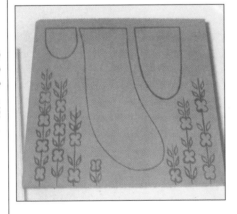

4

Ahora preparamos el esmalte con agua, goma arábiga y la cantidad de fundente necesario para hacer la pasta.

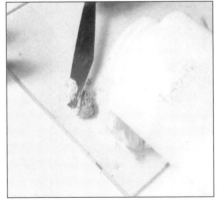

5

Con la ayuda de un pincel grueso cubrimos de esmalte las superficies más extensas del dibujo.

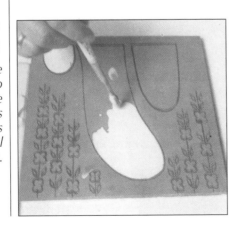

6

Con otro color de esmalte, el azul, cubrimos también los espacios libres entre las líneas.

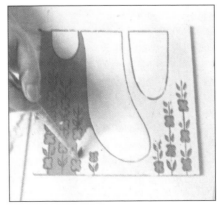

7

Con un pincel fino ahora vamos rellenando de esmalte las pequeñas superficies de las cadenas de flores.

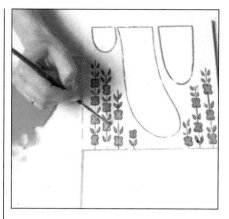

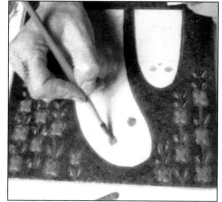

8

Cocemos la loseta a mil grados y comenzamos luego a aplicar colores de grasa.

9

Para efectuar un difuminado o «pituado», utilizaremos un trozo de esponja, con leves toques.

10

Con un pincel fino pintamos sobre los vestidos los detalles precisos. También representaremos la zona del cabello.

11

Pasamos ahora a abordar el dibujo y coloreado del traje de la figura mayor, efectuando la forma del cuello.

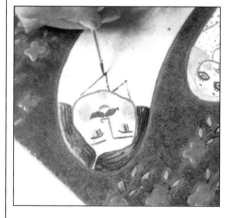

12

Vamos pintando los diversos elementos del vestido, buscando una armonía agradable en el colorido.

13

Finalmente, pintamos la figura más pequeña, según el mismo procedimiento empleado con anterioridad.

14

En este detalle final podemos apreciar el vivo color que adquieren los esmaltes tras la cocción.

El torno: la dinámica del barro

El trabajo con el torno es una actividad llena de ritmo y dinámica, donde barro y máquina alcanzan tal identificación, que podría decirse que son inseparables. Y si unimos a esto la intervención de las manos del hombre, persiguiendo la forma y el volumen que le dicta su imaginación creadora, los tres elementos —barro, torno y manos— pueden significar la conjunción de los tres ingredientes del progreso: naturaleza, inteligencia y máquina.

En efecto, el torno cuenta con una antigüedad de por lo menos siete mil años (en esa época ya era utilizado en Egipto) y es, casi con toda seguridad, la primera máquina de la que el hombre se sirvió; al igual que el barro fue el primer material al que nuestros remotos antepasados dieron forma y utilidad. Desde entonces hasta ahora, a través de miles de años de historia, el torno no ha cambiado sustancialmente, y sigue produciéndose la integración de barro, máquina y hombre para producir belleza y utilidad. Hoy, como antes, el torno es el instrumento capital del alfarero, su piedra de toque, el colaborador sin el cual su obra no sería posible.

Después de haber realizado ya varios ejercicios con el barro y de haber conseguido familiarizarnos con su contacto vivo, vamos a comenzar a trabajar con el torno. No es fácil: se requiere paciencia y, probablemente, hará falta también romper algunas piezas. La experiencia nos enseñará qué se puede hacer y qué no se debe ni intentar.

Empecemos, pues, a dominar el torno. Amasemos perfectamente una pella de barro, con el fin de que no se produzcan bolsas de aire. Centraremos la pella en el rodel del torno y lo pondremos en funcionamiento. Entonces comenzará la difícil tarea de controlar el barro en movimiento.

TORNO ELÉCTRICO:
En la actualidad la difusión de los tornos eléctricos es enorme y de hecho este aparato ha sustituido por completo a los más tradicionales tornos accionados con el pie. El torno eléctrico es de dimensiones reducidas y se acciona por medio de una palanca.

TORNO TRADICIONAL:
La imagen clásica del alfarero está también representada por la del propio torno de madera. Éste es de grandes dimensiones y se acciona mediante el pie.

El torno del alfarero tradicional consta de dos ruedas. En le rueda inferior se apoya el pie, cuya fuerza y presión regula la velocidad de giro. El plato o rodel es donde se asienta el barro.

LA POSICIÓN DE LAS MANOS

El manejo de las manos es esencial en la elaboración de las piezas de cerámica. De la destreza con que consigamos utilizarlas, de la sensibilidad que desarrollemos en ellas, dependerá que seamos capaces o no de plasmar en el barro los volúmenes y las formas que nuestra fantasía nos sugiera. El verdadero ceramista acaricia con sus manos el barro húmedo como si se tratara de algo vivo, y controla sus dimensiones y su consistencia como si la pieza que está realizando tuviera su propia dinámica. Aprendamos a colocar las manos, intentemos familiarizarnos con el barro, ajustemos la presión de nuestros dedos al ritmo que imprimamos al torno; sólo así conseguiremos transmitir nuestro sentimiento de artista al objeto que estemos creando.

1

Para centrar la pieza en el torno, la postura correcta es introducir los pulgares y colocar las palmas extendidas, presionando todos los puntos con la misma intensidad.

2

Mientras un pulgar sigue manteniendo la presión en el interior de la pieza, el otro presiona en el borde superior.

3

Lentamente, y mediante una fuerza ligera y constante, presionamos desde el exterior, con sumo cuidado para no estrechar la pieza excesivamente.

4

Para comenzar a subir la pieza, presionamos con ambas manos, interior y exteriormente, de la misma manera que se muestra en la fotografía.

5

Cuando la pieza tiene la altura definitiva, igualamos el grosor del barro, presionando dentro con la yema de los dedos y externamente con la segunda falange del dedo índice.

.

6

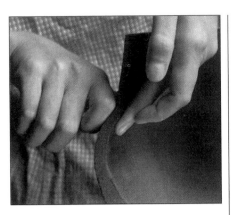

Para conseguir el ángulo del nacimiento del cuello de la pieza, colocar los dedos según la fotografía, presionando desde fuera con el índice y en el interior con el dedo medio.

7

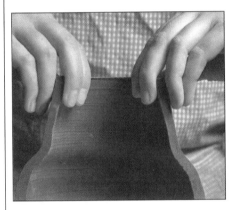

Si deseamos proporcionar al cuello de la pieza una inclinación determinada, colocaremos los dedos como puede verse en la fotografía, e iremos doblando y presionando paulatinamente.

8

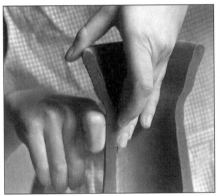

Si deseamos subir el barro, debemos presionar simultáneamente con ambas manos, colocando los dedos en la misma posición que el paso número 6.

9

Comenzamos a doblar el cuello de la pieza, para lo cual presionamos externamente con la primera falange del dedo índice y la yema del dedo medio de la mano que está en el interior.

10

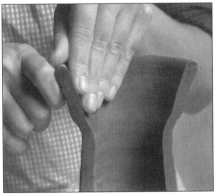

Para retocar el borde de la boca, apoyamos sobre él el pulgar y mantenemos una presión constante, en el interior con las yemas de los cuatro dedos y externamente con el índice.

UNA FORMA CILÍNDRICA

La alfarería, siendo una de las más conocidas facetas de la cerámica, no es en absoluto la más fácil de dominar. Se necesita mucha práctica y constancia para adquirir cotas de auténtico artesano. Por ello precisamente el aprendizaje ha de ser riguroso y la progresión muy lenta, no dudando en ningún momento en volver a empezar nuestra tarea desde el principio. Los grandes alfareros han desechado muchas piezas antes de darlas por definitivas. Los primeros pasos de nuestro trabajo serán capitales: el proceso de amasado así como el centrado de la pella justo en el rodel son imprescindibles. Después vendrá la puesta en práctica de las distintas «llaves» que acabamos de aprender. No importa que en los primeros intentos no tengamos éxito. Lo definitivo será tener paciencia y volver al principio, si fuera preciso.

1
Sobre una plancha de escayola, que absorberá parte del agua del barro, presionamos la masa con las palmas.

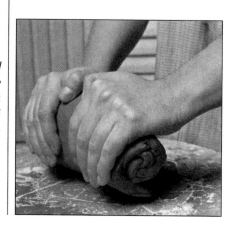

2
Continuamos amasando, procurando que no queden bolsas y que la masa sea compacta.

3
Insistimos en el proceso de amasado hasta eliminar posibles bolsas de aire.

4
Procederemos a situar una pequeña cantidad de barro sobre el centro del plato del torno.

5

Seguidamente, presionando con las yemas de los dedos, vamos extendiendo el barro hasta cubrir casi la totalidad del plato.

6

La fina capa de barro ya extendido deberá presentar el aspecto que muestra la fotografía.

7

Tomando la masa con las dos manos, la centramos en el plato, con un golpe seco sobre la fina capa de barro extendida.

8

A continuación mojamos con abundante agua la masa de barro y las manos.

9

Haciendo presión con las palmas de las manos, centramos bien la masa y comenzamos a dar forma.

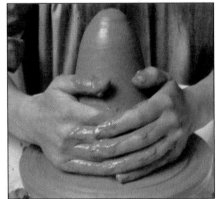

10

A causa de la presión sostenida de ambas manos, el barro irá adquiriendo forma cónica.

11

Presionamos luego con una de las manos hacia la base para volver a bajar la pella.

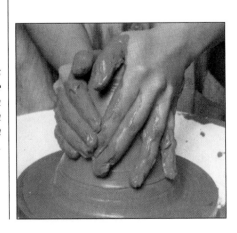

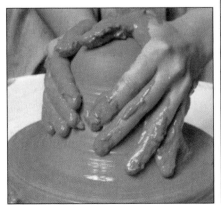

12

Ahora la presión sobre la pella la efectuamos con las dos manos al mismo tiempo, colocándolas de la manera que puede verse en la fotografía.

13

Continuamos presionando, evitando producir la forma de seta en la parte superior.

14

Una vez bajada la pella, comprobaremos si ha quedado descentrada.

15

Con los pulgares efectuamos una ligera presión constante, al objeto de formar una meseta. Marcaremos su centro.

16

En el punto central que hemos marcado introducimos el pulgar verticalmente.

17

Introduciendo los dos dedos pulgares y abarcando con las manos la superficie exterior, presionamos hacia el exterior.

18

Proseguimos ensanchando, efectuando al mismo tiempo una ligera presión hacia la base.

19

Cuando ya haya hueco suficiente, introducimos la mano y soportamos la presión que ejercemos en el exterior con el índice de la otra mano.

20

Para centrar e igualar la boca de la pieza, tendremos que colocar las manos en esta posición.

21

Sin retirar las manos de la posición anterior, inclinamos la boca hacia el exterior.

22

Repetimos la operación de subir el barro, presionando externamente con el índice y sosteniendo la presión con la otra mano.

23

Empleando los dedos índice y medio, doblamos la boca hacia afuera, adelgazándola al mismo tiempo.

24

Retocamos el filo de la boca, dejando pasar el barro entre el pulgar y el índice de una mano.

25

Cuando juzguemos que los retoques han sido suficientes y la pieza está totalmente concluida, la obra queda dispuesta para ser separada del torno mediante un hilo de nailon.

UNA PIEZA ELEVADA

El trabajo del torno no tiene fronteras y precisamente por ello hay que dominarlo a la perfección, porque este instrumento puede reportar enormes satisfacciones al ceramista. Ya realizamos en un primer acercamiento un cilindro que apenas revestía problemas. En este ejercicio se abunda en la forma cilíndrica, obteniendo a partir de ella una pieza de paredes sumamente altas. Precisamente en la altura de las paredes y en que éstas tengan a lo largo de la pieza un mismo espesor, radica la clave del trabajo. Intentémoslo, porque estamos perfectamente capacitados para llevar a feliz término la obra; sin embargo, no debe desanimarnos si la pieza se nos desmorona, un nuevo intento será suficiente.

Recordemos que es importante centrar bien en el plato del torno la pella de barro y que debemos poner atención a la posición de las manos, cuidando que la altura de la pieza no la haga peligrar.

1

A partir de una pequeña cantidad de barro, vamos extendiendo una fina capa de arcilla sobre el plato del torno.

2

Tomando con las dos manos la pella humedecida, con un golpe seco la colocamos en el centro del plato, sobre la capa de barro.

3

Haciendo presión con las palmas de las manos, centramos bien la pella.

4

Tal como se puede observar, realizamos una meseta en la pella de barro, a la vez que comenzamos a dar forma.

5

Con un dedo marcamos el centro de la meseta, por donde abriremos la boca del cilindro.

6

Proseguimos abriendo la boca. Introducimos el dedo pulgar, a la vez que sujetamos con las palmas de las manos las paredes.

7

Con la mano derecha continuamos abriendo el recipiente de barro hasta el punto que consideremos suficiente.

8

Centramos el barro igualándolo en todas las direcciones, como puede observarse en la fotografía.

9

Igualamos las paredes por su parte posterior colocando las manos en la posición que contemplamos.

10

Comenzamos a levantar la pieza trabajando con la mano en el interior de la pella de barro.

11

Mientras con una mano sujetamos la pieza por su parte posterior para que no se deforme, con la otra pellizcamos el barro.

12

La pieza sigue subiendo a medida que con la mano derecha presionamos el barro hacia adentro y con la otra lo contenemos.

13

Las paredes han adquirido ya la altura necesaria. Con la posición de las manos que observamos igualamos las paredes.

14

Manteniendo la pared de barro entre el dedo índice y el corazón igualamos la boca del jarrón.

UNA PIEZA CON TAPADERA

En el trabajo de alfarería el torno se erige en pieza imprescindible de la obra cerámica. Su conocimiento y dominio sientan las bases del profesional. Sin embargo, el alfarero no se improvisa, son precisos muchos años de trabajo, muchas piezas destruidas y mucho barro olvidado para llegar a ser un maestro.

Tras los ejercicios precedentes y sabiendo cómo deben colocarse las manos sobre el barro, realizamos un nuevo trabajo con él. Tras al trabajo de formas cilíndricas, proponemos ahora un puchero de paredes esféricas, en que el desarrollo se vuelve un poco más delicado. Además llevaremos a cabo la tapadera, pieza clave, que deberá ajustar perfectamente.

1

Amasamos la pella de barro para evitar posibles burbujas de aire.

2

Sobre el centro del torno colocaremos una pequeña cantidad de barro que con la velocidad del torno se irá extendiendo.

3

Sobre la fina capa obtenida colocaremos la pella de barro, que debe quedar perfectamente centrada.

4

Antes de empezar a dar forma a la pieza, mojaremos con abundante agua la pella de barro y las manos.

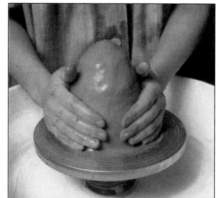

5

Presionando con las palmas de las manos, según se aprecia, centramos bien la pella y empezamos a dar forma.

6

Una vez centrado el barro, hacemos una meseta e introducimos el pulgar verticalmente hasta un centímetro de la base.

7

Después de abrir la pella de barro, realizamos una especie de cinturón que nos evitará que la pieza se abra demasiado.

8

Centramos el barro para proceder a subir las paredes del objeto que estamos realizando.

9

Mediante una determinada posición de las manos, conseguimos adelgazar el espesor de las paredes de la pieza.

10

De nuevo efectuamos presión de dentro hacia afuera, para pronunciar la forma circular de la pieza tratada.

11

Tal como se puede observar, estrecharemos los extremos superiores de las paredes de la pieza.

12

Haciendo pasar el barro entre los dedos y presionando en el filo con el meñique, daremos por finalizada la boca.

13

Con la pieza ya cortada, y un poco seca, efectuamos unas incisiones en la zona donde colocaremos las asas.

14

Con barbotina pegamos el asa, que habremos realizado anteriormente a partir de un macarrón de barro que ha sido aplanado.

15

Con la colocación de la otra asa, la pieza está finalizada y procedemos a obtener la tapadera de la misma.

16

Situamos una nueva pella en el centro del plato del torno y la mojaremos con suficiente agua, al igual que las manos.

17

Gracias a un estrechamiento que realizamos en la pella, calculamos el barro que usaremos para la tapadera.

18

Con un nuevo estrechamiento, en este caso más acusado, realizamos el pivote de la parte superior de la pieza.

19

Colocando las manos en la posición que se observa, obtendremos una especie de alas que estiraremos.

20

Dejando pasar el barro entre dos dedos, alargamos y repasamos las alas de la tapadera.

21

Con ayuda del compás medimos el diámetro exacto de la boca de la pieza, en la que deberá ajustar la tapadera.

22

Llevamos a la tapadera la medida obtenida con el compás y marcamos en la pieza la dimensión exacta.

23

Conocida ya la medida, ajustamos la tapadera a la mencionada medida para darle forma.

24

Con un hilo de nailon cortamos la tapadera, procurando que en esta operación no se eche a perder el proceso.

REPASADO DE PIEZAS

En el presente ejercicio practicaremos fundamentalmente el repasado de piezas en el torno y utilizaremos los diferentes tipos de cuchillas propias de la matricería. Como vamos a trabajar con piezas pequeñas, nuestra labor va a requerir, sobre todo, paciencia y meticulosidad, además de manejar los útiles con suavidad, efectuando leves presiones sobre el barro, a fin de no cometer un error por exceso, que tendría luego muy difícil solución.

Las piezas cerámicas de pequeñas dimensiones —como son las que efectuaremos nosotros— y, en consecuencia, de muy poco peso, presentan en el torno el problema de su difícil sujeción. Cualquier presión lateral, por muy suave que sea, puede desplazarlas. Por ese motivo, recomendamos fijarlas sobre el rodel con unas pequeñas pellas de barro, que impedirán todo movimiento.

1 *Estamos finalizando la pared de una vasija. Presionamos con el índice de la mano derecha, mientras sujetamos con la otra mano.*

2 *Cuando el barro esté un poco duro le damos la vuelta y lo fijamos con unas pellitas. Le damos forma exteriormente con una cuchilla.*

3

Marcamos sobre la base de la vasija la superficie que vamos a rebajar, para realizar el soporte definitivo.

4

Alisamos ahora el borde de la base, lo que será el pie sobre el que descansará la vasija una vez terminada de conformar.

5

Con una cuchilla adecuada perfilamos la superficie externa, adelgazando la pared y dando la curvatura deseada.

6

Concluimos la vasija repasando su superficie interior, a fin de que quede totalmente lisa y sin imperfecciones.

7

Estamos trabajando ahora sobre otra pieza. Levantamos el barro y vamos dando forma en este caso a una tapadera.

8

Terminado el interior y la pieza semidura, damos la vuelta a la tapadera y comenzamos a darle su forma externa.

9

Ahora estamos realizando el asidero. Con una cuchilla pequeña eliminamos el barro de la hendidura que separa a aquél.

10

Redondeamos ahora el asidero, eliminando poco a poco el barro, hasta dejar la superficie completamente lisa.

11

Comenzamos otra pieza. Hemos levantado el barro para hacer una taza y estamos uniformando su borde.

12

Una vez cortada y dura, colocamos la taza invertida sobre el torno, fijándola a él con unas pellas, y comenzamos a eliminar barro.

13

Marcamos con la cuchilla un círculo y rebajamos el barro de su interior, para efectuar el pie de la taza.

14

Vamos ahora a dar a la taza su forma exterior. Hacemos la base de la misma y rebajamos el barro de la pared.

15

Alisamos el borde de la taza, muy suavemente, hasta dejarla completamente acabada.

16

Realizamos en este otro ejercicio un plato. Alisamos el borde dejándolo deslizarse bajo los dedos índices.

17

Colocamos el plato, ya endurecido, invertido sobre el torno; lo fijamos con barro y comenzamos a hacer el saliente de su base.

18

Eliminamos el barro del interior del círculo señalado, hasta que hayamos conseguido la profundidad que deseemos.

LA ALFARERÍA TRADICIONAL

Concluyendo ya las últimas piezas que realizaremos en el torno, vamos a efectuar un breve acercamiento a la manifestación más popular de este tipo de trabajo: la alfarería. Será precisamente un gran maestro artesano, Rafael Ortega, quien nos ofrezca la posibilidad de seguir el movimiento de sus manos, paso a paso. Puesto que algún estadio de su creación pudiera quedar algo oscuro, hemos incluido ciertas fotos que clarificarán el proceso de corte de las paredes cuando éstas resultaran excesivamente elevadas. También recordamos que para desprender la pieza del rodel hay que utilizar un hilo de nailon.

1

Amasamos cuidadosamente el barro, para formar una pella que no guarde vientos.

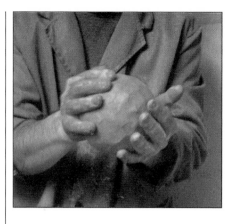

2

Colocaremos las manos de la manera idónea y efectuaremos sobre el barro una presión constante.

3

Procedemos a abrir la pella. Se comienza la operación con el pulgar de una mano, pero puede efectuarse con dos dedos.

4

Cuando observemos que las manos se pegan al barro, debemos mojarlas tantas veces como sea preciso.

5

Proseguimos abriendo la pella colocando las manos de la manera que muestra la fotografía.

6

Comenzamos a dar forma a la pieza. Observamos detenidamente la posición de las manos.

7

Vamos elevando la pieza, poco a poco, presionando por su parte externa con el índice.

8

Sujetaremos por el interior con la otra mano y continuaremos buscando la forma deseada.

9

En caso de que las paredes de la pieza se hayan elevado excesivamente, con un punzón cortaremos la pieza a la altura deseada.

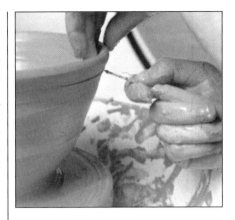

10

Una vez cortada toda la tira de barro sobrante de las paredes, retiraremos aquélla con el máximo cuidado.

11

Efectuando presión con el índice de la mano derecha, conseguimos realizar la hendidura del reborde.

12

Concluido el reborde, repasamos con el dedo índice extendido la superficie exterior.

13

Presionando con una mano y sujetando con la otra, abrimos el reborde del ala.

14

Con el torno parado, utilizando los dedos como si fueran pinzas, pellizcamos las dos alas del reborde.

15

Finalmente, repasamos cuidadosamente con la caña, para eliminar cualquier imperfección.

16

El modo en que se ha de desprender la pieza ya torneada es sirviéndonos de un hilo de nailon.

VASIJA DE DOS PIEZAS

En el proceso de modelado en torno, cuando se realizan piezas de gran volumen y el acceso con la mano por el interior a todas las zonas resulta difícil, se hace necesario fragmentar dichas piezas, efectuando con ellas modelados independientes y ensamblándolas después para conformar la vasija completa. No es fácil este tipo de trabajo, pues exige ajustar con mucha exactitud las medidas de las piezas que se van a unir.

Es recomendable efectuar una hendidura en el borde superior de la pieza que va a quedar debajo, en cuyo interior encajará un relieve de la otra pieza. La unión se podrá llevar a cabo encajando el relieve de la hendidura, si el barro está blando todavía, repasando luego la superficie de la junta; o con la ayuda de barbotina, si el barro está seco o casi seco y endurecido.

1

Ponemos el torno en funcionamiento y comenzamos a elevar la pared de la vasija, haciendo la llave.

2

Comenzamos ahora a abrir la boca de la vasija, dándole a la vez la forma que nos convenga para el ensamblaje.

3

Con una cuchilla (también puede hacerse con una cuerda de nailon) cortamos la pieza sin deformarla.

4

Con mucho cuidado, levantándola por su parte inferior, desprendemos la pieza del resto de la pella de barro.

5

Vamos a modelar la otra parte de la vasija. Empezamos a levantar la pared en la forma que es habitual.

6

Presionando con una mano por el exterior y sosteniendo internamente con la otra, seguimos elevando el barro.

7

Alisamos con la caña de alfarero la superficie externa de la pieza para eliminar imperfecciones.

8

Vamos a realizar la unión de las dos piezas; colocamos una pieza invertida sobre la otra, haciendo coincidir exactamente sus bordes.

9

Humedeciendo el barro de esa zona, efectuamos la unión. Seguimos levantando la pared.

10

Imprimimos con la caña de alfarero unos adornos en torno a la base del cuello, con el motivo tradicional.

Decoración de piezas de alfarería

FABRICACIÓN DEL ENGOBE

Se entiende por engobar la acción de aplicar sobre la pieza de cerámica terminada una capa de arcilla coloreada, a fin de embellecer la decoración o para proporcionar al objeto un nuevo color total uniforme. Ya desde la antigüedad, los ceramistas observaron que las distintas arcillas ofrecen diferentes coloraciones, debido a los óxidos que intervienen en su composición y a las proporciones en que éstos se mezclan. Aplicando arcillas nuevas en forma de «papilla» sobre la pieza de cerámica todavía húmeda, se consiguen bellos efectos de color que completan el trabajo y satisfacen la labor creadora.

Materiales: Para conseguir una «papilla» de engobe nos proveemos de un mortero y de los ingredientes necesarios: arcilla blanca, óxidos metálicos y colorantes.

1

Depositamos en el interior del mortero la cantidad de arcilla que vayamos a utilizar.

2

Añadimos óxido de cromo. La proporción debe oscilar entre el 5 y el 20 por 100, según el tono que se desee.

3

A continuación añadimos agua, que actuará como medio aglutinante de la mezcla que deseamos conseguir.

4

Con la ayuda de la mano del mortero homogeneizaremos el compuesto, desmenuzando los pequeños grupos.

5

Añadimos alguna materia fusible (minio, bórax, etc.), en pequeña proporción; de un 5 a un 15 por 100.

ENGOBE PARA UN JARRÓN

La decoración de las piezas de cerámica es uno de los temas más atractivos de esta antigua técnica. El proceso de embellecimiento de las obras de barro se puede manifestar de diferentes formas. Una de ellas consiste en la aplicación de engobes. Antaño, la decoración se obtenía con la aplicación de otras arcillas de distinto color al de la pieza. El colorido se conseguía en virtud de la cantidad de óxidos con poder colorante que tuviera la arcilla. De esta forma, una arcilla rica en cromo proporcionaba color verde; si era rica en cobalto, se obtenía azul... En la actualidad, y en concreto en el trabajo que realizamos, los colores se obtienen sintéticamente, mezclando la arcilla blanca con el óxido para obtener un determinado color.

Materiales: una pieza de cerámica húmeda, torneta, pigmentos colorantes, arcilla, pincel, goma arábiga y fundente.

1

Depositamos en un mortero el pigmento del color que deseemos, en una cantidad de 5 a 15 por 100 con respecto a la arcilla.

2

Para facilitar la unión del engobe a la pieza durante la cocción, añadimos un poco de fundente.

3

Añadimos ahora la arcilla, agua y un poco de goma arábiga, y mezclamos perfectamente los ingredientes.

4

Con la pieza en el centro de la torneta, la hacemos girar, mientras con el pincel trazamos una línea fina (esto se denomina «filetear»).

5

Proseguimos decorando la pieza, cambiando de colores y combinando líneas con otros motivos.

6

Repetimos la operación en otra pieza distinta. Fileteamos el cuello, haciendo descender el pincel, mientras gira la torneta.

7

Con pinceles más finos damos los últimos detalles. Más tarde procederemos a cocer las piezas.

ESMALTADO «BAJO BAÑO»

El procedimiento de decoración cerámica con esmalte denominado «bajo baño» consiste en esmaltar la pieza, una vez aplicados los óxidos colorantes, antes de someterla al proceso normal de cocción en el horno.

Daremos comienzo al ejercicio fileteando las piezas, de la forma que es habitual, y coloreando los diferentes motivos que vayamos dibujando. Habrá que tener en cuenta que cada tipo de vasija, por su forma y dimensiones, se prestará a una determinada decoración. Como en todos los casos de esmaltado de piezas cerámicas, el auténtico significado de los colores que hayamos plasmado aparecerá una vez extraída la vasija del horno, tras su cocción. El esmalte transparente proporcionará también un brillo intenso muy característico del «bajo baño», que lo hará inconfundible.

Materiales: ya tenemos la vasija para decorar sobre la torneta, los pinceles, un lápiz y los colores: óxido de manganeso y colorante marrón.

1

Dibujamos, con el lápiz, los círculos y comenzamos a filetear con el color marrón sobre los trazos marcados.

2

Trabajamos ya sobre la superficie de la pared, fileteando primero un círculo y luego unos triángulos simétricos.

3

Cubrimos a continuación con color los triángulos más pequeños en la zona más externa de la base.

4

Plasmamos tres manchitas, a modo de lunares, dentro de cada triángulo y trazamos los triángulos mayores. Concluimos.

5

Depositamos en el interior de un mortero un poco de agua y esmalte transparente, y lo molemos muy bien.

6

Pasamos el esmalte ya molido por un tamiz fino, para eliminar los grumos que hayan podido formarse.

7

Rellenamos con el esmalte el depósito de un spray, con el que después impregnaremos la vasija ya coloreada. Cocemos la pieza.

DECORACIÓN «SOBRE BAÑO»

Otra técnica para la decoración cerámica, que se utiliza mucho, es la llamada «sobre baño», consistente en aplicar los pigmentos colorantes sobre el baño que previamente hemos elaborado con goma arábiga, esmalte y agua, y fijado a la superficie de la pieza que pretendemos decorar. El proceso de plasmación de los colores sobre ese baño no difiere del que se realizó anteriormente en el ejercicio que denominamos «bajo baño»: se trasladan a la pieza con los pinceles, efectuando primero unos círculos y rellenando después los espacios intermedios con los dibujos y tonos que hayamos elegido. Es primordial en la técnica cerámica de decoración «sobre baño» que éste sea molido correctamente, a fin de evitar la formación de grumos, y que sea también pasado por un tamiz muy fino, con lo que eliminaremos las impurezas que pudiera tener la pasta.

Materiales: tamiz, recipiente, mortero para moler los colores, baño, goma arábiga y pigmentos colorantes.

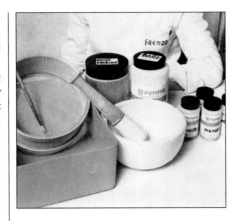

1

Depositaremos en el mortero la cantidad de baño que vayamos a necesitar.

2

Vamos añadiendo agua, poco a poco, y moliendo, hasta formar una pasta fluida.

3

Añadimos un poco de goma arábiga y molemos bien para eliminar los grumos.

4

Pasamos la mezcla por el tamiz para quitar las impurezas que pueda tener.

5

Una vez preparado el baño hay que moverlo continuamente, para que no se pose.

6

Limpiamos el plato con una esponja húmeda y lo introducimos en el baño preparado.

7

Extraemos el plato del baño y lo dejamos escurrir bien durante un rato.

8

Repasamos todo el borde del plato con una espátula para uniformar su superficie.

9

Limpiamos muy bien el interior del plato, para quitar polvo o cualquier suciedad.

10

Colocamos el plato sobre la torneta y trazamos en su fondo una circunferencia.

11

Seguimos decorando la parte exterior del plato. Ahora estamos aplicando un color amarillo entre las líneas anteriores.

12

Dibujamos sobre el fondo del plato el motivo con que deseamos decorarlo.

13

Vamos desarrollando el dibujo, con distintos colores, hasta concluir el fondo.

14

Fileteamos finalmente, con un tono oscuro, el borde del plato, y con ello terminamos el decorado.

15

Cuando hayamos aplicado todos los colores a los dibujos, el plato puede ya ser sometido a la cocción.

Modelado de la figura humana

RASGOS ANATÓMICOS DEL PIE

La figura humana, que es un tema sugerente y atractivo, se aborde desde la técnica artística que se aborde, dentro del modelado cobra una importancia muy especial y a la vez parece vivir cuando la materia de la que está hecha es el barro.

En el ejercicio que presentamos efectuamos un acercamiento a la figura humana, fijándonos en uno de sus miembros, el pie. Prepararemos para ello una pella de barro bien amasada y los escasos útiles necesarios. Tengamos presente que la arcilla debe encontrarse lo suficientemente blanda para que permita ser modelada, y lo suficientemente dura como para que conserve esa forma. Partamos de un pie de escayola, por ejemplo, que en este caso nos sirve de modelo, y comencemos el modelado observando detenidamente todos sus detalles anatómicos.

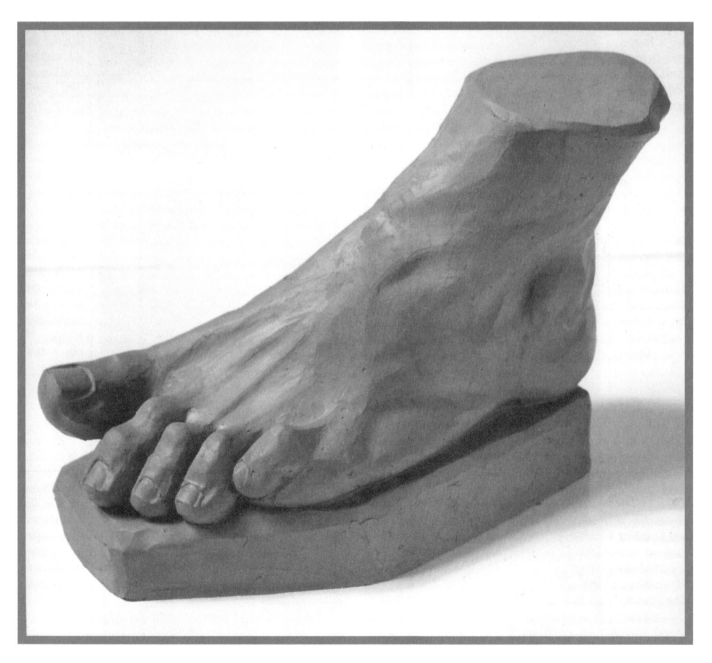

Materiales: pella de barro, torneta, vaciadores, palillo de modelar y modelo en escayola.

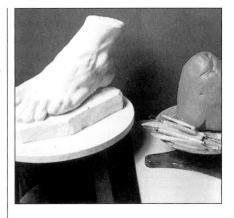

1

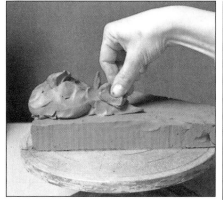

Hacemos una plataforma y sobre ella vamos aplicando el barro, en pequeñas pellas.

2

Vamos, a medida que añadimos el barro, conformando el pie y señalando sus volúmenes más importantes.

3

Añadimos barro ahora en la zona del tobillo, hasta completar el volumen y las masas totales del pie.

4

Alisamos con los dedos el barro, eliminando así el sobrante por toda la superficie de la pieza.

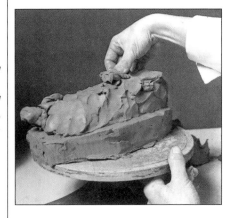

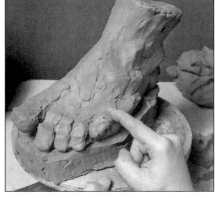

5

Con el dedo, desplazando cantidades de barro muy pequeñas, suprimimos las juntas entre las distintas pellas.

6

Tomamos ahora el palillo de modelar y empezamos a dar forma al pie por la parte de la planta, eliminando arcilla.

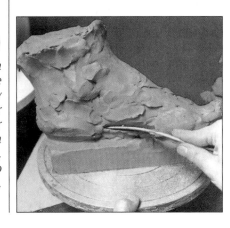

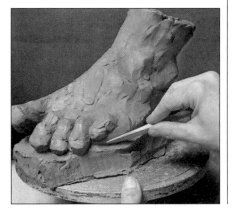

7

Modelamos ahora los dedos marcando bien sus separaciones y relieves, con el filo del palillo de modelar.

8

Con el palillo de modelar plano, presionando en distintos puntos modelamos la parte superior y el tobillo.

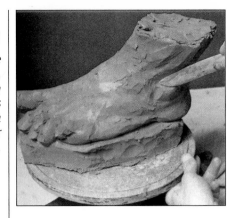

9

Utilizamos el vaciador, para ir eliminando, poco a poco, el barro sobrante en las partes que lo necesiten.

10

Vamos señalando con el vaciador los detalles del pie, como tendones y músculos, rebajando muy lentamente el barro.

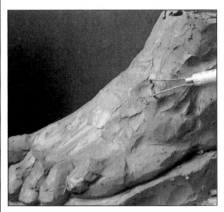

11

Otra vez con el palillo de modelar, deslizándolo y presionando levemente, proseguimos el modelado del pie.

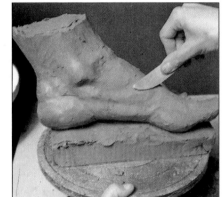

12

Concluimos el modelado de los dedos y uñas con la punta del vaciador, observando atentamente el modelo.

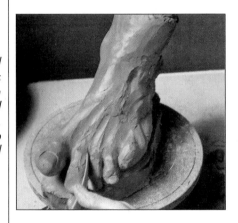

13

Con el palillo plano terminamos el modelado de la parte superior del pie, alisando el barro.

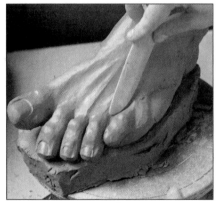

14

Igualamos la superficie superior y cortamos luego el barro a lo largo de la totalidad del borde.

15

Una vez repasada la pieza perfectamente, podemos dar por finalizado este ejercicio de modelado.

MODELADO DE UNA MANO

Una de las premisas básicas que el artista que se inicia en la técnica del modelado, debe tener muy presente es la reproducción fiel del modelo del que parte en su trabajo. Tras una breve aproximación al tema, es hora de pasar a un elemento vital en la figura humana: la mano.

Sobradamente manifiesta es la capacidad expresiva de la mano, a la vez que enorme la variedad de ejemplos que el artista puede encontrar próximos a él. En esta ocasión, partiendo del natural modelaremos la mano de una joven, en que los rasgos aún son poco acusados y no presenta excesiva complejidad su realización. Comencemos por situar el barro sobre la torneta y empecemos a modelar, siguiendo las pautas que se indican en el paso a paso.

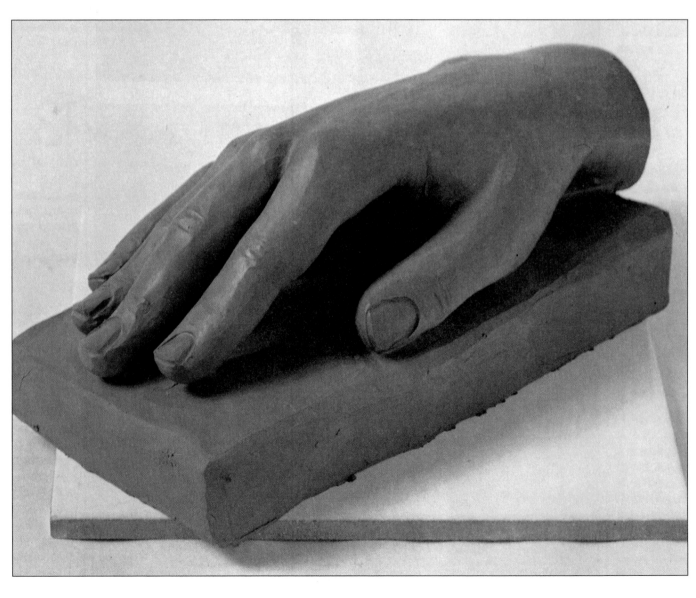

UN TORSO CLÁSICO

En anteriores ejercicios modelamos un pie y una mano, partes poco voluminosas de la figura humana que requirieron la utilización de pequeñas cantidades de barro y poco trabajo, aunque éste fuera minucioso. Ahora pasamos a modelar un torso, una parte amplia del cuerpo para la que vamos a necesitar una mayor cantidad de barro y una apreciación más justa de las proporciones del modelo, a fin de que la reproducción no presente deformaciones y se ajuste a las características anatómicas del original.

Antes de dar comienzo al modelado observaremos con detenimiento el modelo y repetiremos la observación cuantas veces sea necesario a lo largo del ejercicio. Trabajaremos con las manos durante los primeros pasos y utilizaremos después al palillo de modelar y el vaciador para distribuir pequeñas cantidades de barro y eliminar el excedente.

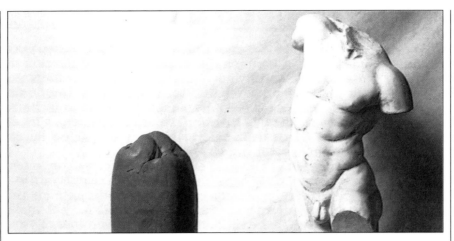

1

Preparamos una plataforma de barro sobre la torneta, y sobre ella colocamos una pella de las dimensiones necesarias.

2

Observamos el modelo de escayola y comenzamos a modelar, efectuando la inclinación del torso, todo ello con las manos.

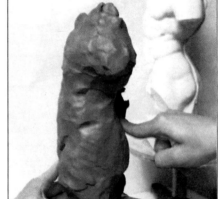

3

Damos forma ahora a la espalda, reproduciendo también la curvatura de la columna vertebral y las caderas.

4

Marcamos a grandes rasgos los volúmenes de los glúteos, desplazando y presionando el barro con los dedos pulgares.

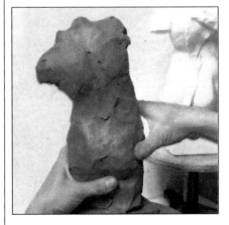

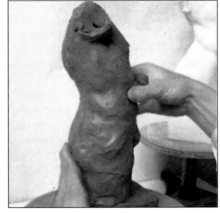

5

Estamos terminando de distribuir con las manos el barro, destacando las partes más voluminosas de la figura.

6

Trabajamos ya con el palillo de modelar, comenzando a desarrollar los contornos más significativos de la figura.

7

Modelamos con la punta del palillo, manteniendo éste plano, eliminando o desplazando pequeñas cantidades de barro.

8

Vamos produciendo sobre las masas de barro los perfiles de las formas más lisas y uniformes.

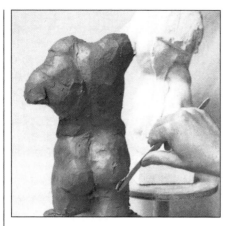

9

De nuevo con la punta del palillo, manteniendo éste en posición plana, vamos dando relieve al muslo.

10

Trabajamos ya con el vaciador, eliminando pequeñas cantidades de barro para reproducir los músculos.

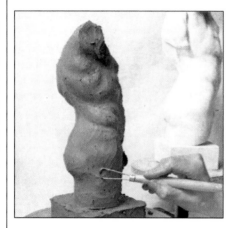

11

En este paso estamos, con el vaciador, modelando la zona del torso, destacando los relieves paulatinamente.

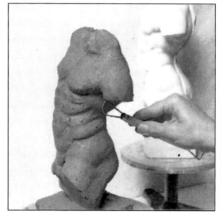

12

Eliminamos ahora barro de la espalda, matizando la curvatura de la columna y haciendo emerger las masas musculosas.

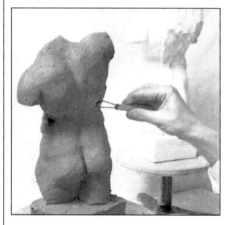

13

Proseguimos con el vaciador. Desarrollamos los músculos del tórax y concretamos los diferentes rasgos.

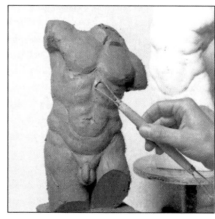

14

Utilizamos otra vez el palillo de modelar para construir las curvaturas y suprimir imperfecciones.

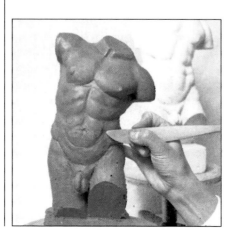

15

Con el palillo de modelar, plano y desplazado suavemente, aplicamos en la figura los últimos matices.

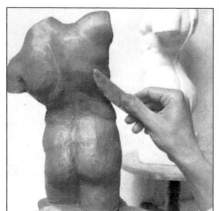

MODELADO DE LA CABEZA

Finalizamos la serie de ejercicios a partir de un modelo clásico, realizando una cabeza humana. Los siguientes ejercicios que desarrollemos serán imaginativos, aunque basados siempre en los conocimientos ya adquiridos, y con una escalonada progresión en su dificultad. La cabeza humana, por su abundancia de rasgos y relieves, y por ser la parte más expresiva del cuerpo, es también la que más importancia cobra en el modelado. Habremos de emplear los palillos de modelar y los vaciadores con mayor precaución, si cabe, que en los ejercicios anteriores, y, en consecuencia, probablemente trabajemos con mayor lentitud.

1

Colocamos sobre la torneta una pella de barro bien amasada y los útiles de modelar.

2

Con la mano distribuimos el barro de la pella, buscando las formas características de la cabeza.

3

Proporcionamos al barro el relieve que alcanzará el cabello y marcamos algunos rasgos básicos del rostro.

4

Si es necesario, en algunas zonas, aplicamos más barro, uniéndolo bien y alisándolo.

5

Trabajamos ahora con el vaciador, eliminando pequeñas cantidades de barro.

6

Con el fin de reproducir la barba que ostenta el modelo, adherimos pequeñas pellas de barro.

7

Finalizamos el modelado del cabello, con el vaciador, reproduciendo definitivamente sus formas.

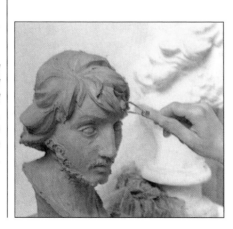

8

Tras el modelado de los elementos más expresivos, finalizamos perfilando el cuello.

UNA FIGURA PEQUEÑA

Efectuaremos en este ejercicio el modelado de una figura partiendo de la imaginación. No contamos ya, en este caso, con la ayuda de un modelo que podamos contemplar e imitar; será la fantasía creadora la que guíe nuestras manos y reproduzca en barro nuestras imágenes mentales. Aunque es el primer modelado de este tipo que realizamos, no entraña dificultad alguna: estamos ya suficientemente familiarizados con el barro y con los útiles de modelado, y conocemos, por ejercicios anteriores, cómo debemos afrontar la reproducción de cada una de las zonas del cuerpo. Además, hemos elegido una figura de niña cubierta en su mayor parte con un vestido y cuyos miembros no se hallan separados del cuerpo, por lo que no habrá que desarrollarlos en exceso.

Materiales:
torneta,
recipiente con
agua, pella,
vaciadores y
palillos de
modelar.

1

Centramos la
pella de barro
sobre la torneta y
comenzamos a
modelar, con las
manos, la figura
de una niña.

2

Eliminamos barro
con los
vaciadores,
dando forma a los
miembros de una
manera muy
general.

3

Utilizamos ahora
el palillo de
modelar y
comenzamos el
modelado del
torso, buscando
ya la forma
definitiva.

4

Trabajamos en
este momento la
cabeza,
marcando con la
punta del palillo
de modelar la
línea de
nacimiento del
pelo.

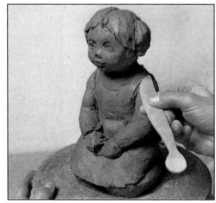

5

Continuamos el
modelado.
Con la punta
del palillo
marcamos el
relieve del vestido
sobre los
hombros
y cuello.

6

Con la punta del
palillo de modelar
trazamos
definitivamente
la abertura
de la boca,
modelando los
labios.

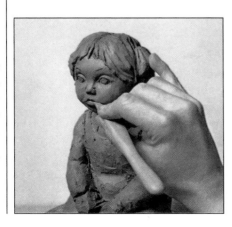

7

Efectuamos
seguidamente los
detalles en los
brazos y manos,
eliminando barro
para sugerir la
separación de los
dedos.

ESMALTADO DE UNA FIGURA

Vamos a aplicar en un mismo ejercicio los conocimientos ya adquiridos acerca del modelado de figuras y de las técnicas de esmaltado cerámico y decoración con grasa. Habremos de modelar primero una figura de barro y sobre ella efectuaremos a continuación las diferentes acciones de esmaltado.

Esmaltaremos por zonas, primero las más extensas (ropas, zapatos, cabello, etcétera), y luego, con la ayuda de pinceles finos, los detalles más delicados y precisos.

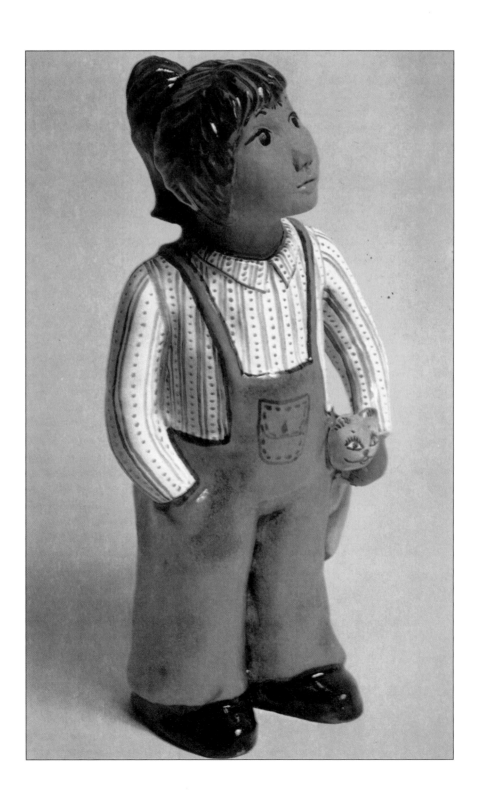

1

Colocamos una pella de barro, bien amasada, sobre la torneta, y comenzamos el modelado de la figura.

2

Pasamos a utilizar el vaciador, dando forma y comenzando ya a distinguir partes concretas: piernas, brazos, etcétera.

3

Con el palillo de modelar, concluimos los relieves de la ropa y efectuamos los rasgos del rostro.

4

Seccionamos, con una cuchilla o un hilo de nailon, la figura modelada, desprendiendo la cabeza y posteriormente el torso.

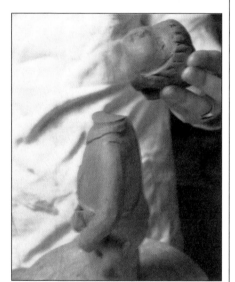

5

Con el vaciador sacamos el barro del interior de cada una de las zonas que componen la figura.

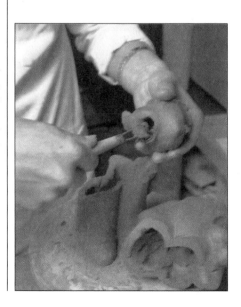

6

Ayudándonos de un poco de barbotina, pegamos las tres secciones. Finalmente, cocemos por primera vez la pieza a 1.000 grados.

7

Disponemos los materiales y útiles con que proseguiremos: esmaltes, fundente, espátula, pincel y mortero.

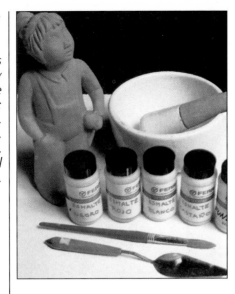

8

Tras limpiar la figura, en el mortero, preparamos un esmalte mezclándolo con una cantidad suficiente de fundente.

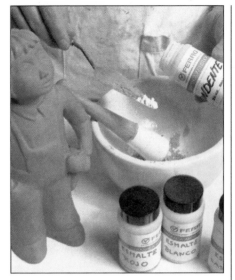

9

Añadimos a la mezcla la cantidad necesaria de agua, y molemos bien hasta conseguir uniformidad en la pasta.

10

Con la ayuda de un instrumento adecuado —una cucharita, por ejemplo— cubrimos los pies de la figura.

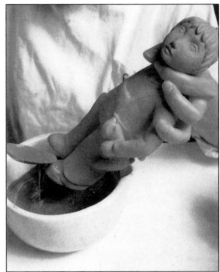

11

Preparamos otro esmalte, con fundente y agua, y cubrimos con él otra zona de la figura: la camisa.

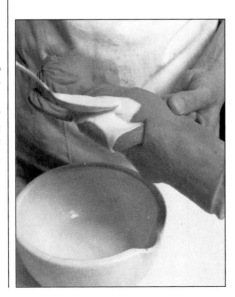

12

Tenemos un nuevo esmalte, y con él pintamos ahora la zona que nos quedaba: los pantalones. Y cocemos la figura a 950 grados.

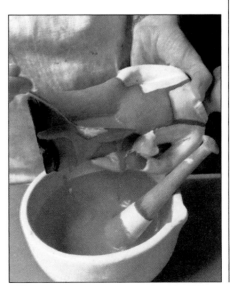

13

Comenzamos el último proceso del ejercicio. Preparamos pigmentos, grasa, fundente, aguarrás, espátula y pinceles.

14

Añadimos a los pigmentos la cantidad necesaria de fundente, mezclando bien el producto.

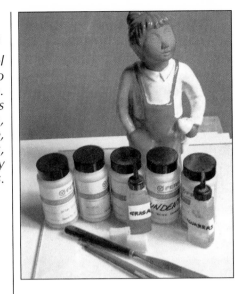

15

Para efectuar adecuadamente la mezcla, añadimos a continuación una pequeña cantidad de aguarrás.

16

Y finalmente añadimos también a la mezcla anterior un poco de grasa. Molemos bien el producto.

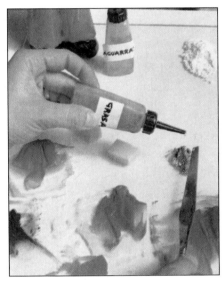

17

Los colores deben quedar perfectamente molidos, formando una pasta homogénea y sin grumos, fluida.

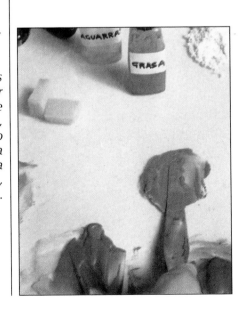

18

Con los pinceles, vamos aplicando los colores correspondientes en ojos, cejas, etcétera. Concluimos y cocemos la pieza.

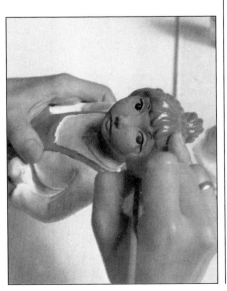

Calado, tallado y fragmentación de piezas

CALADO DE PIEZAS

Seguramente uno de los trabajos más delicados que puede efectuarse sobre una pieza cerámica es el calado y perforado de sus paredes. La técnica del calado tuvo una gran importancia en China durante el período Ming (siglos XIV a XVI), extendiéndose por Europa a partir del siglo XVII.

Se utilizó siempre con preferencia sobre piezas decorativas, a causa de los efectos que produce la luz que se filtra en el interior a través de las perforaciones; pero es útil también para contener objetos que deban conservase bien aireados o como doble pared en recipientes que contengan líquidos a elevada temperatura (tazas, por ejemplo).

Materiales: vasija, torneta, compás, punzones, lápiz, etcétera.

1

Diseñamos primero con un compás el motivo de la decoración y repasamos con un lápiz los contornos del dibujo.

2

Tomamos un punzón de punta fina y comenzamos a eliminar el barro en las líneas trazadas sobre la vasija.

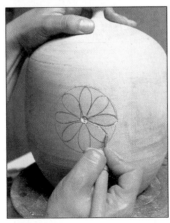

3

Una vez que hayamos concluido el tallado de la totalidad del dibujo, perforamos el centro del mismo.

4

Con un punzón de punta más gruesa eliminamos ahora el barro existente entre cada una de las hojas.

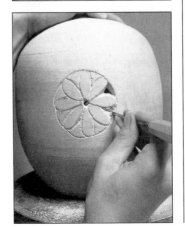

5

La eliminación del barro deberá culminar con la perforación de la superficie que hayamos rebajado.

6

Hemos terminado de efectuar las perforaciones. Comenzamos ahora a tallar con una cuchilla el interior de las hojas.

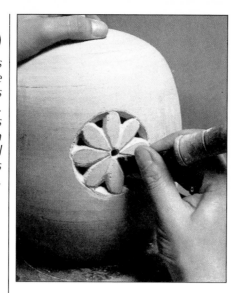

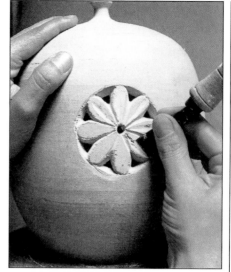

7

Eliminamos barro poco a poco y en escasa cantidad, haciendo un surco a lo largo de cada hoja del dibujo.

8

Tomamos de nuevo un punzón y vamos tallando con él los triángulos situados entre cada rosetón.

9

Eliminamos el barro del interior de los triángulos, progresivamente, en dirección oblicua.

10

Procuraremos en todo momento que las superficies de la perforación queden totalmente lisas y regulares.

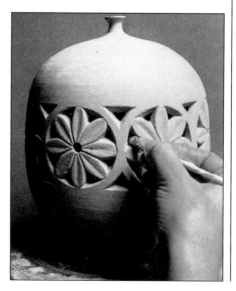

11

Proseguimos, repitiendo el mismo proceso, el tallado y perforación de los restantes motivos.

12

Con la ayuda de un pincel, humedecemos los motivos tallados, y así uniformaremos su superficie.

13

Cuando hayamos concluido de humedecer con el pincel toda la superficie trabajada, la pieza estará lista para la cocción.

14

Realicemos otro ejercicio de calado. Pasamos los diseños recortados en papel sobre la superficie de la pieza.

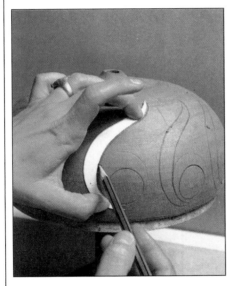

15

Con una cuchilla vamos cortando siguiendo los contornos de los dibujos, como muestra la fotografía.

16

Una vez cortado el barro del interior de los dibujos, procedemos a eliminarlo, retirándolo con la cuchilla.

17

Concluido el calado, repasamos la vasija con un pincel humedecido, para suprimir algún posible defecto.

EL PROCESO DE TALLADO

El tallado es un tipo de decoración cerámica casi tan primitivo como el modelado a mano de las vasijas, y se ha desarrollado siempre según múltiples métodos, que oscilan entre la simple línea esgrafiada —trazada con un objeto punzante— y los complejos relieves que requieren un instrumental más específico. Son modélicas, por su ejecución, las piezas talladas correspondientes a la dinastía Sung, en China.

Se debe tallar la superficie del barro suavemente, evitando que aparezcan aristas cortantes y relieves excesivamente pronunciados, que producirían una defectuosa aplicación posterior del esmalte. Nosotros, en nuestro ejercicio práctico, y con el fin de adiestrarnos en el tallado, realizaremos dos procesos que presentarán entre ellos notables diferencias. Utilizaremos para nuestra labor: gubias de diferentes tipos, punzones, palillo de modelar, lija y un pincel con agua.

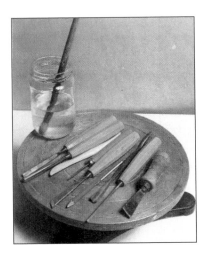

Materiales: diseño, torneta, útiles propios del tallado y un recipiente con un poco de agua y un pincel.

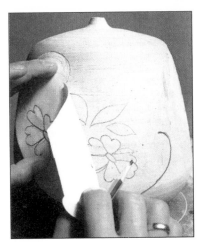

1 Realizamos un boceto y lo calcamos luego sobre la pared de la vasija con la ayuda de un lápiz.

2 Con un punzón de punta fina, repasamos el dibujo, destacando perfectamente los contornos de sus motivos.

3 Tomamos ahora una gubia ancha y eliminamos barro en las zonas más amplias que rodean las flores.

4 Con una gubia de punta muy estrecha, marcamos bien los relieves de los contornos, resaltando las flores.

5 Sirviéndonos de una gubia de ángulo efectuamos ahora los detalles: nervios de las hojas y relieves de los pétalos.

6 Con un trozo de lija, procedemos a lijar bien, suavemente, la superficie de la zona que hemos tallado.

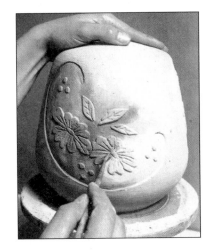

7 Mojando el pincel en agua, humedecemos la zona trabajada, para eliminar así posibles imperfecciones.

8 Una vez seca la zona que hemos humedecido, la vasija, ya tallada, se encuentra lista para ser sometida a cocción.

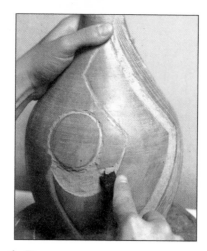

9 Colocamos otra vasija sobre la torneta y pasamos con calco el boceto deseado y lo repasamos con un punzón fino.

10 Tomamos ahora una gubia ancha, para eliminar el barro de la superficie que media entre las líneas del dibujo.

11 Con la gubia de ángulo realizamos ahora la decoración radial que corresponde al círculo ya tallado.

12 Con la misma gubia, tallamos las líneas más finas, efectuando pequeños canales, como se observa en la fotografía.

13 Concluida la labor del tallado, repasamos toda la superficie de la vasija con lija, frotando suavemente.

14

Los efectos conseguidos con este tipo de tallado son elegantes y sobrios. Ya podemos, si lo deseamos, esmaltar la vasija y someterla a cocción.

APERTURA Y FRAGMENTACIÓN

Partiendo de formas clásicas, generalmente modeladas en el torno, es posible hallar una nueva estética —más o menos discutible en lo que se refiere a su valor artístico— de sugestivos efectos. Se trata, simplemente, de efectuar una serie de incisiones, en sentido vertical u horizontal, y distorsionar a partir de estos cortes las formas primitivas, dentro siempre de los límites que impongan las funciones de cada una de la vasijas.

El buen sentido del ceramista es el único requisito imprescindible para este tipo de trabajo: el buen gusto y el trabajo bien acabado transformarán las piezas clásicas en objetos de formas caprichosas de una amplísima variedad. El barro de las piezas deberá hallarse en unas condiciones óptimas de plasticidad y dureza, a fin de que no se produzca ningún deterioro irreparable.

Materiales: Exponemos en la fotografía las distintas vasijas modeladas, sobre las que vamos a trabajar, y los útiles necesarios.

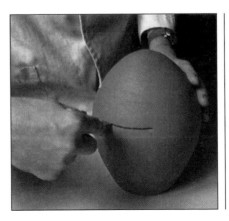

1

Sobre la vasija cerrada, con la cuchilla efectuamos una incisión de las dimensiones que deseemos.

2

Sin que lleguemos a deformar otras zonas, doblamos hacia el interior los bordes de la incisión abierta.

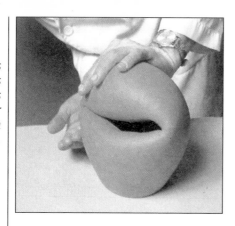

3

Ahora, también con la cuchilla, cortamos hacia abajo, a partir de uno de los extremos de la abertura.

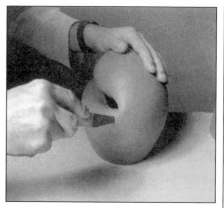

4

Con la ayuda de los dedos —y según se observa en la fotografía— realizamos un saliente en la vasija.

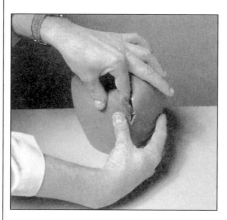

5

Trabajamos en otra vasija, realizando unas incisiones en sentido descendente, hacia la base.

6

Distorsionamos después, a nuestro criterio, la superficie del barro, desplazando los bordes de las incisiones.

7

Tomamos en esta ocasión otra vasija y comenzamos abriéndola con la cuchilla desde la boca hasta la misma base.

8

Efectuamos también un corte horizontal y doblamos hacia el interior la pared de barro por su parte inferior.

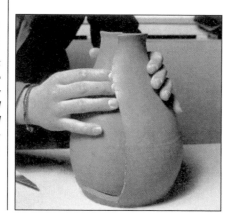

9

Doblamos, finalmente, el barro en la zona de la boca de la vasija y uniformamos con elegancia la forma.

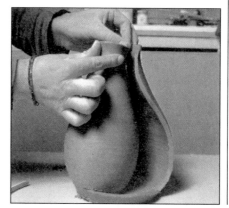